新能源汽车整车控制技术

主　编：闫雪艳
副主编：周学伟　胡晓芳
参　编：庞　波

东北师范大学出版社
长　春

图书在版编目（CIP）数据

新能源汽车整车控制技术 / 闫雪艳主编. - - 长春：东北师范大学出版社，2023.11
ISBN 978 - 7 - 5771 - 0783 - 7

Ⅰ.①新… Ⅱ.①闫… Ⅲ.①新能源 - 汽车 - 控制系统 - 高等职业教育 - 教材 Ⅳ.①U469.7

中国国家版本馆 CIP 数据核字（2023）第 225470 号

□责任编辑：钟华泰 □封面设计：创智时代
□责任校对：丁静璇 □责任印制：许 冰

东北师范大学出版社出版发行
长春净月经济开发区金宝街 118 号（邮政编码：130117）
电话：010—82893125
传真：010—82896571
网址：http：//www.nenup.com
东北师范大学音像出版社制版
长春鑫海印务有限公司印装
长春文化印刷产业开发区院内（邮政编码：130301）
2023 年 11 月第 1 版 2023 年 11 月第 1 次印刷
幅面尺寸：185mm×260mm 印张：11.25 字数：262 千

定价：36.00 元

前 言

二十大报告中，绿色发展战略升级，同时首次提出积极稳妥推进碳达峰碳中和目标。绿色发展所要求的产业结构、能源结构、交通运输结构等调整优化，节能降碳先进技术加快研发和推广应用；双碳目标中要控制的化石能源消耗、交通的清洁低碳转型，都需要新能源汽车及其连带产业来实现。在新时代，新能源汽车作为战略性新兴产业的地位相当稳固，依旧会在国家重点发展的行业之列。同时，新能源汽车产业也会是绿色发展和双碳目标达成的重要抓手。

本教材旨在配合高等职业院校课程改革和教材建设，更好地为职业院校提供职业学院深化改革服务，紧密结合汽车维修行业的实际需要。

本教材的内容从易到难，循序渐进，案例主要以比亚迪车型为主，讲解新能源汽车的整车控制系统。

本教材的教学任务以专项能力为目标，通过对汽车维修企业的维修作业进行调查，并参考相关的维修手册及相关的教材，确定新能源汽车整车技术相应的任务，确定每个任务的知识目标和能力目标，注重理论功底扎实，强化实操过程，做到“教、学、练、做”一体化模式，能够保证学习理论内容和实操紧密相连，突出学生动手操作能力，让学生在操作过程中，在保证安全的前提下，能够形成标准、规范、严谨的学习态度。

本教材由内蒙古交通职业技术学院闫雪艳担任主编，内蒙古交通职业技术学院周学伟、胡晓芳担任副主编。具体分工如下：闫雪艳负责项目一、项目二、项目三的内容，共7万字；胡晓芳负责项目四的内容，共6万字；周学伟负责项目五、项目六的内容，共7万字；内蒙古新航向汽车服务有限公司的庞波担任相关项目编写的技术指导及任务工单的编写指导。

由于笔者水平有限，书中难免有疏漏和不当之处，敬请批评和指正。

目　录

项目一　作业安全规范

任务一　作业前准备工作

1. 明确高压作业前准备工作的内容；
2. 明确高压触电事故的紧急救助步骤；
3. 明确维修开关的位置及作用。

知识准备

一、作业前准备工作

混合动力车和电动车上的高压车载网络以最高 650 V 的直流电压工作且必须提供较大电能，其高压电部分连接线束呈橙色。高压部件上都有警示标志，如图 1-1 所示。如果操作过程中不按照规定要求进行操作，可能会发生严重的事故，甚至会危及生命安全。

图 1-1　高压部件警示标志

工作人员首先要做好个人防护，要穿绝缘鞋，身上不能携带任何金属物品，如手腕上不戴手表、手指上不戴戒指等。工作人员应使用相应等级的绝缘手套，在使用前应检查手套的相关安全问题，确认是否有破损，不允许在没有佩戴绝缘手套的情况下去接触高压部件及线束。

车辆驶进维修工作区域时，首先确认维修工位附近的情况，车辆不能在潮湿的环境下工作，其次确认车间的维修配备是否齐全，例如，灭火器、维修工具、安全保障设施是否齐全及正常。车辆进行维修检查的场地，必须在明显的位置设置安全警告牌，用于提示其他人员车辆在进行高压作业，禁止靠近。

在维修过程中切忌手上沾有水时进行高压作业或在高压部件沾有水的状态下作业。在地面或周围湿度过高时，须停止作业。

切断高压系统电源前，应先切断手动维修开关。

二、安全操作规范

1. 在维修作业前应采用安全隔离措施（使用警戒栏隔离），并竖立高压警示牌，如图 1-2 所示，以警示相关人员，避免发生安全事故。

图 1-2　作业区域隔离与警示牌标示

2. 维修高压部件前，应将车身用搭铁线连接到混合动力及纯电动车型专用维修工位的接地线上。

3. 在检修有电解液泄漏的高压电池包时，须佩戴防护眼镜，以防电解液溅入眼中。

4. 在车辆上电前，注意确认是否还有人员在进行高压维修操作，避免发生意外。

5. 检修高压线束时，对拆下的任何高压配线，都应立刻用绝缘胶带包扎绝缘。

6. 进行钣金维修时，必须采用干磨工艺，严禁采用水磨工艺。

7. 整车进入烤漆房进行烘烤时，必须将高压电池包与整车分离。

8. 不能用手指触摸高压线束接插件里的带电部位，以免触电；另外，应防止有细小的金属工具或铁条等接触到接插件中的带电部位。

9. 若发生异常事故和火灾，操作人员应立即切断高压回路，其他人员立即使用灭火器扑救（使用干粉灭火器，严禁用水基灭火器）。

10. 发生电池漏电解液的情况，切勿用手触摸，电解液须用葡萄糖酸钙软膏进行稀释，不可 用水稀释。

11. 对于空调制冷剂和冷冻油的回收、加注，应用单独的专用设备进行，不能与燃油车型制冷剂加注及回收设备混用，避免对车辆空调系统及环境造成危害。

12. 作业中注意用于高压部件及区域提示的颜色或标示。

（1）橙色线束均为高压。

（2）动力整车电池包连至电源管理器的红色电压采样线束（比亚迪新能源车型高压电池采样线束如图 1-3 所示）。

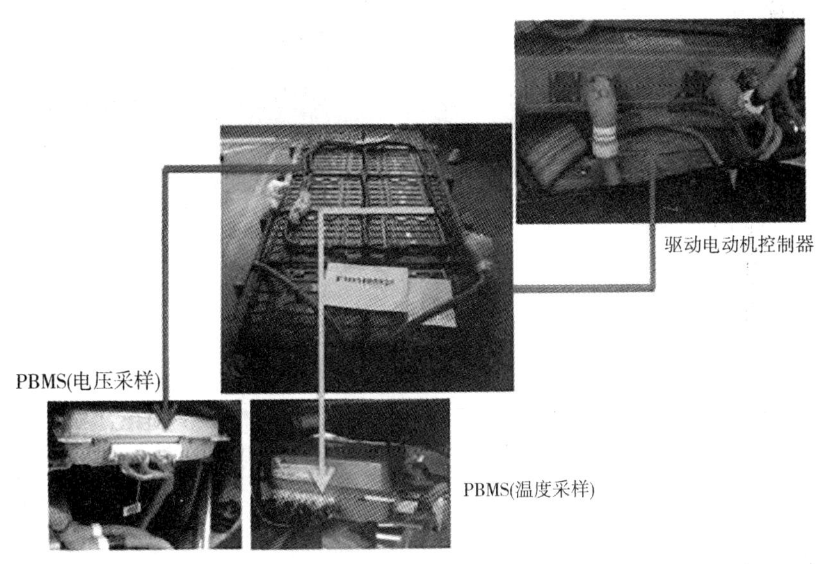

图 1-3 比亚迪新能源车型高压电池采样线束

(3) 高压零部件包括高压电池包、高压配电箱、车载充电器、太阳能充电器（如比亚迪 F3DM)、驱动电动机控制器总成（前、后)、电动力总成（前、后)、电动压缩机总成、电加热芯体 PTC、漏电传感器等。宝马 i3 高压部件的分布如图 1-4 所示。

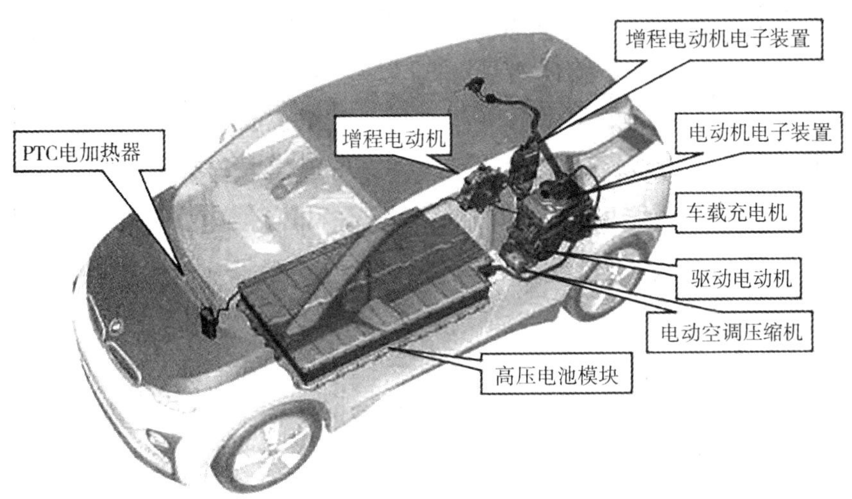

图 1-4 宝马 i3 电动汽车高压系统所属部件

13. 新能源汽车高压系统维修安全操作步骤，如图 1-5 所示。

(1) 切断车辆电源（将启动按钮置于 OFF 挡），等待 5 min。

(2) 戴好绝缘手套。

(3) 拔下维修开关并存放在规定的地方。

(4) 在断开紧急维修开关 5 min 后，在检修高压系统前应使用万用表测量整车高压回路，确保无电。

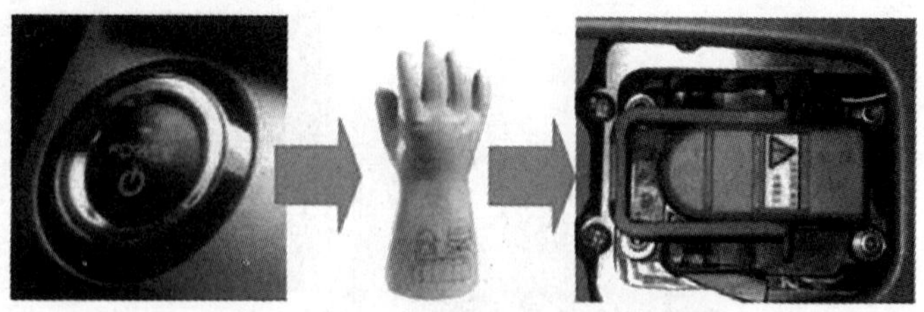

图 1-5　高压系统维修安全操作步骤

三、手动维修开关

维修开关（Service Switch）位于高压电池包总成上方的左上角，连接了高压电池的一个正极和一个负极（图 1-6 为比亚迪唐 DM 维修开关的安装位置），它的主要作用是在车辆维修时直接断开高压回路，从而保证操作人员的安全。维修开关处于正常状态时，手柄处于水平位置；需要拔出时，应先将手柄旋转至竖直状态，再向上拔出；需要插上时，应先沿竖直方向用力向下插入，再将手柄旋转至水平状态。

图 1-6　维修开关安装位置（比亚迪唐 DM）

手动维修开关内部安装有高压电路的主熔丝和互锁的舌簧开关，如图 1-7 所示。

拉起手动维修开关上的卡子锁止器可断开互锁，从而切断高压电池正负极继电器。但为确保安全，务必将启动开关置于 OFF 挡，断开蓄电池负极接线柱，等待 10 min 后再拆下手动维修开关，在执行任何检测或维护前，都应先拆下手动维修开关，使高压电路在高压电池的中间位置切断，以确保汽车检测的安全。

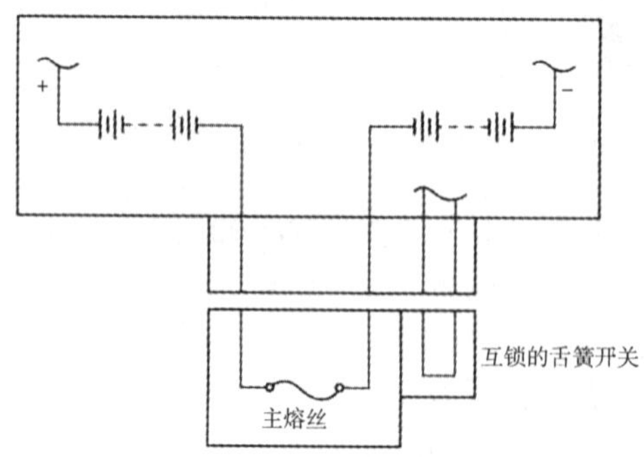

图 1-7　MSD 手动维修开关内部原理

任务二　安全规范操作

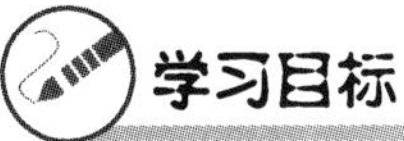

1. 熟知新能源汽车的操作规程；
2. 熟知新能源汽车操作的注意事项。

知识准备

一、操作规程

1. 在高压部件的调试、检修及带电组装作业过程中，建议设立专职监护人。由监护人监督作业全过程（包括人员组成、工具、劳保用品、器材是否符合要求），并对作业结果进行检查，指挥上电。

2. 监护人要认真负责，确保作业安全，否则在发生安全事故时要承担责任。

3. 监护人须有丰富的电器维修经验，经考核合格后方能上岗。

4. 在进行较复杂或较危险的作业时，监护人要按流程指挥操作，作业人在做完一个操作后要告知监护人，监护人要在作业流程单上做标记确认。

5. 操作人员必须佩戴必要的高压防护用具，如绝缘手套、绝缘胶鞋等，其电压等级必须大于需要测量的最高电压。用前须检查其是否完好无损，确保安全。特殊情况下建议戴防弧面罩。如表 1-1 所示。

表 1-1　高压防护用具

绝缘手套（耐压 600 V 以上 ）	防弧面罩	绝缘胶鞋

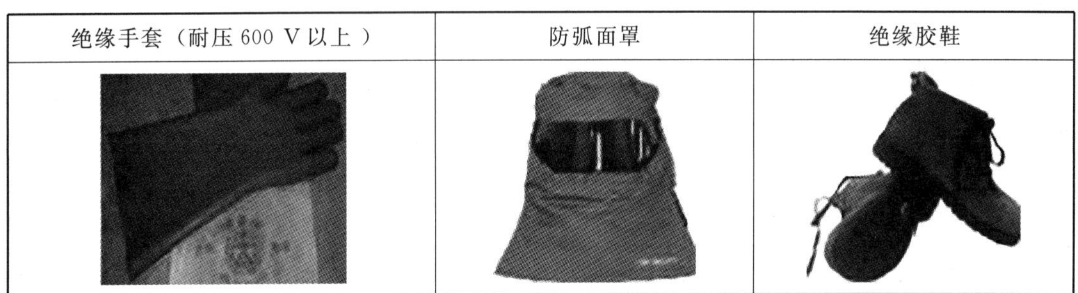

6. 操作人员在组装、调试、检修高压部件时，必须由两人以上作业并由监护人监督作业。

7. 操作人员进行作业时必须单手操作，原则上不允许带电操作。例如：保证所使用的测量仪表至少有一根表笔线上配备绝缘鳄鱼夹，测量时一只手把夹子夹到电路的一个端子，另一只表笔接到另一个端子测量读数，每次测量时只能用一只手握住表笔线或车的地线。

8. 操作人员在作业中，对所拆除的高低压系统电线要妥善处理，包好裸露出的电线头，以防触电或造成其他事故。

9. 更换高压回路器件时，一定要按原车设计要求容量更换。

10. 在检修高压系统时，车辆必须处于 OFF 挡，必须亲自妥善保管，直至检修完毕。使用万用表检测高压电路时（例如高压电容及其回路），须确保无电。在操作时应当严格遵守电气作业操作规程及相应检测工具使用要求，以防高压系统内器件损坏而带电，造成触电事故。

11. 高压系统在调试或检修完毕后，须由监护人检查确定能否上电。该监护人要仔细检查电路是否符合要求，并且检查现场工作人员是否在安全距离以内，然后在专用检查单上签字确认，指挥通电。

12. 发生异常事故和火灾时，操作人员应立即切断高压回路，其他人员立即使用干粉灭火器及黄沙扑救，严禁用水基灭火器。

二、操作注意事项

1. 操作者穿绝缘胶鞋，戴绝缘手套，单手操作；操作最好指定专人负责，避免多人误操作。

2. 在整车装配过程中，必须断掉低压电池。

3. 在车辆维修、低压调试前，确认整车用电器都在 OFF 状态。

4. 需要进行高压调试或上高压电时，请确认整车用电器都在 OFF 状态，并提醒周围同事，暂时远离车载高压电设备。

三、突发和重大故障应急处理措施

针对试验车辆在试验过程中发生突发紧急情况或重大事故（人力不可控制）时，应按照实际情况进行。

应急处理：

1. 试验车辆在试验过程中突然出现异响时，应立即停止试验并进行检查，查明原因并向相关责任人反馈、检修。

2. 试验车辆在试验过程中突然出现爆胎或其他意外情况时，驾驶人员应保持清醒，在保证人身安全的前提下操控车辆。

3. 试验车辆在试验过程中突然出现异味或冒烟时，驾驶人员应立即停止试验并关掉车辆所有电源（蓄电池和动力电池包），拿出随车灭火器材进行灾害控制，防止灾害事故扩大，并迅速报告相关责任人进行检修，解决事故隐患。

4. 试验车辆在试验过程中突然起火时，应在确保人身安全的情况下，立即停止试验，关掉车辆所有电源（蓄电池和动力电池包），拿出随车灭火器材尽量控制火势，迅速向外部求救。

5. 试验车辆在试验过程中发生突发性故障或其他重大事故时，驾驶人员在不能自行解除的情况下，应迅速离开事故车辆到安全距离，保护现场，并立即向主管部门报告和向外部求救。

6. 试验车辆在试验过程中突然发生突发性事故和其他重大事故时，应立即抢救受伤人员，向主管部门报告，并请求外部救护车或任何交通工具将受伤人员送往医院做进一步的治疗。

任务三　高压安全

学习目标

1. 明确高压电对人体的伤害；
2. 明确现场紧急救治的方法。

知识准备

一、高压电对人体的危害

在汽车领域，特别是混合动力电动汽车、燃料电池电动汽车、纯电动汽车领域，高压电是指：直流电压大于 60 V 且小于或等于 1500 V，交流电压大于 25 V 且小于或等于 1000 V。

BGI/GUV-I 8686E 中，根据从事电动汽车工作的危险程度与工作需要，把工作范围分成了三个等级。等级一的资格是能从事非高压电环境的工作；等级二的资格是能在不带电环境下，从事高压系统的工作；等级三的资格是能在带高压电的环境下，从事高压系统的工作。

1. 高压电的定义

在汽车领域中的高压电如图 1-8 所示。

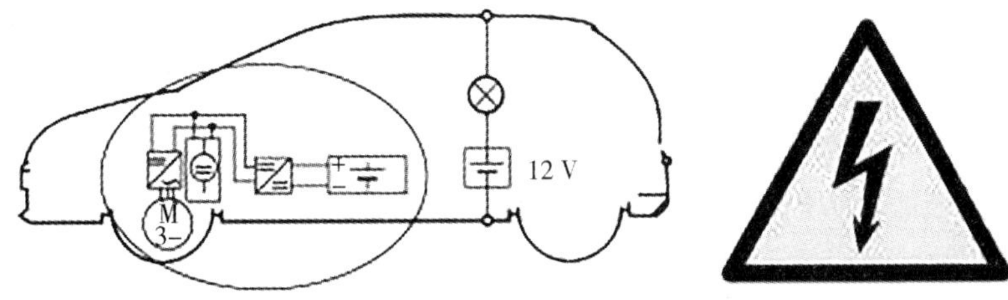

图 1-8　汽车领域中的高压电

新能源汽车动力蓄电池的电压及实物如图 1-9 所示。

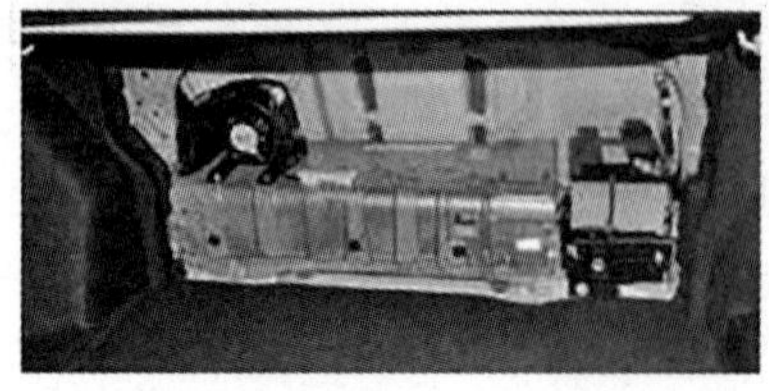

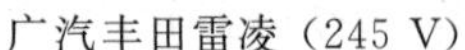

广汽丰田雷凌（245 V）　北汽 EV 系列（330 V）　比亚迪秦（500 V）

图 1-9　不同生产厂家的动力蓄电池

2. 高压电的危害

高压电对人体产生危害，主要有三种方式：电流作用、电弧、二次伤害。由于高压电对人体伤害较大（如图 1-10 所示），因此，应该认真对待有故障的新能源车辆、充电桩以及其他电气设备，并立即消除可能的故障原因。

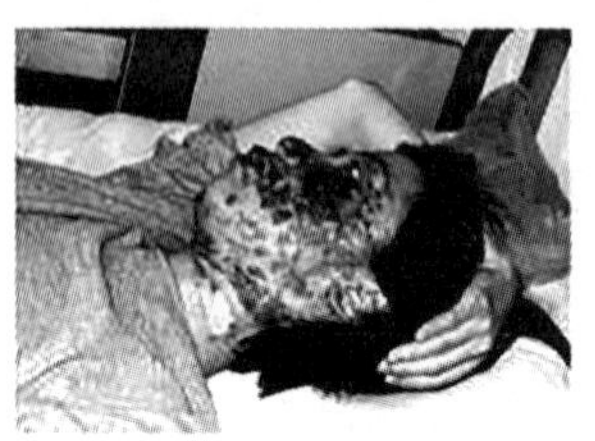

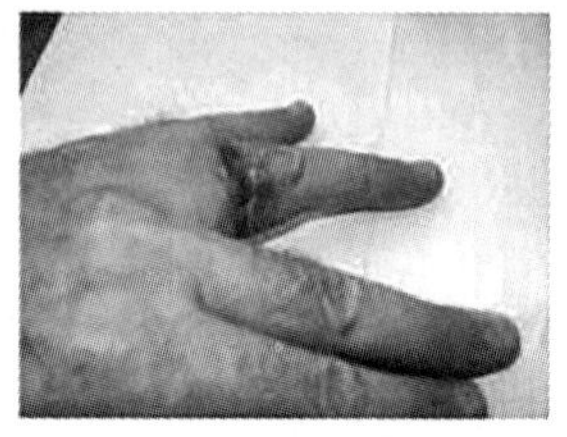

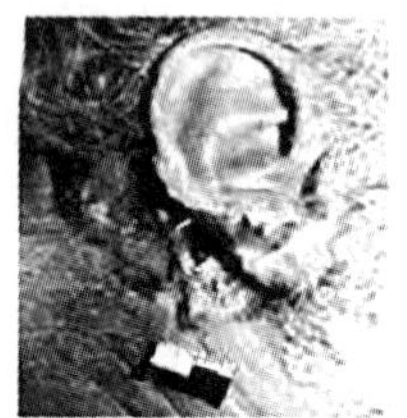

图 1-10　高压电对人体的伤害

二、电动汽车上的触电

1. 直接接触电击

指人身直接接触电气设备或电气线路的带电部分而遭受的电击，它的特征是人体接触电压。直接接触电击带来的危害是最严重的，所形成的人体触电电流大于可能引起心室颤动的极限电流。

2. 间接接触电击

指人体接触电气设备或电气线路的绝缘损坏外露的部分，而遭受的电击。

三、高压触电事故紧急救助步骤

1. 高压触电事故紧急救助

（1）触电急救的正确步骤：第一步是使触电者脱离电源；第二步是现场救护，包括拨打紧急求助电话、获取救助和送往医院等。

（2）对于因触电事故而导致心脏骤停或者停止呼吸的伤者，可以采用心外按压或者人工呼吸等急救方法。

（3）灭火器有多种，其中新能源汽车适用的有干粉灭火器、二氧化碳灭火器等。

无论是否为新能源汽车触电事故，救助步骤均是相同的，如图 1-11 所示。

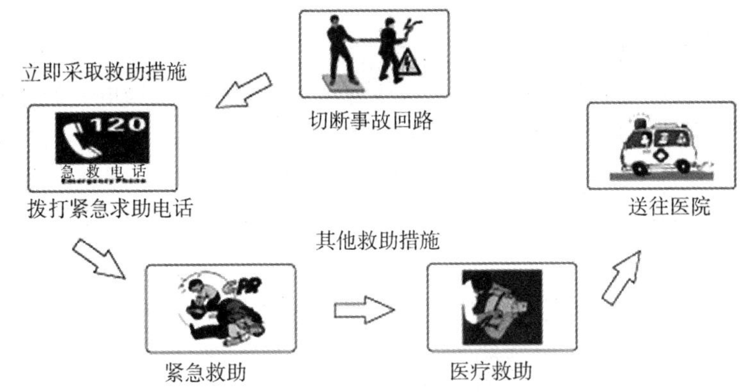

图 1-11　紧急救助的步骤

(4) 当你发现有人员触电了，应该怎么做？你觉得最重要的步骤是什么？

①保持冷静。

②先思考，后行动。

③自我保护，切勿将自己陷入电击的危险中。

2. 切断事故回路

(1) 脱离电源的方法。

脱离低压电源的方法可用“拉”“挑”“拖”“垫”四个字来概括。

①“拉”：指就近切断电源开关，拔出插座，对于容量较大的电气设备，切断电源开关时应先断开负荷开关，再断开电源隔离开关，如图 1-12 所示。

图 1-12　拉下电源开关

②“挑”：如果导线搭落在触电者身上，这时可用干燥的木棒、竹竿或绝缘救援钩等挑开导线，使之脱离电源。绝缘救援钩如图 1-13 所示。

图 1-13 挑开导线及绝缘救援钩

③“拖”：救护人员可戴上绝缘手套，或手上包缠干燥的衣服等绝缘物品拖拽触电者，

使之脱离电源。

如果触电者的衣裤是干燥的，又没有紧缠在身上，救护人员可直接用一只手抓住触电者不贴身的衣裤，将触电者拉离电源，但要注意拖拽时切勿触及触电者的体肤。

④“垫”：如果触电者由于痉挛，手指紧握导线或导线缠绕在身上，救护人员可先将干燥的木板塞进触电者身下，使其与地绝缘来隔断电源，然后再采取其他办法把电源切断。救护人员亦可站在干燥的木板、木桌椅或橡胶垫等绝缘物品上，用一只手把触电者拉离电源，如图 1-14 所示。

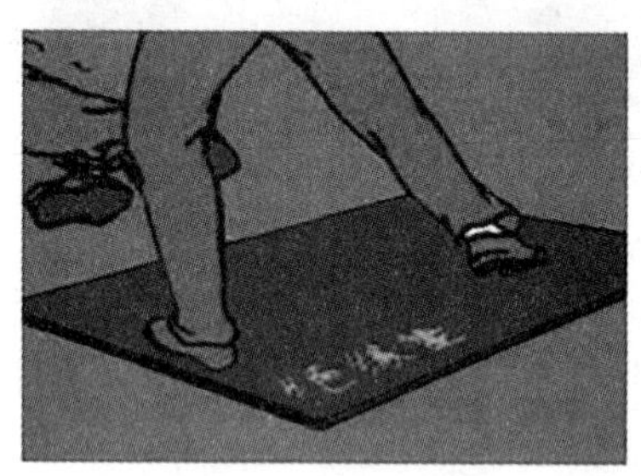

图 1-14　垫“绝缘垫”

（2）切断事故回路的注意事项。

①救护者一定要判明情况，做好自身保护，在切断电源前不得与触电者裸露接触（跨步电压触电除外）。

②在触电者脱离电源的同时，要防止二次摔伤事故（电击二次伤害），即使在平地上也要注意触电者倒下去的方向，避免摔伤其头部。

③如果在夜间抢救，要及时解决临时用电照明问题，以免延误抢救时间。

④如果触电者触及断落在地上的带电高压导线，在尚未确定线路无电之前，救护人员不可进入断线落地点 8～10 m 的范围内，以防跨步电压触电。必须进入该范围内的救护人员应穿上绝缘鞋或临时单脚着地跳跃到触电者身旁，紧靠触电者头部或脚部，把触电者拖拉到等电位线地面上（即身体躺在与触电半径垂直位置）即可就地抢救；或在触电者脱离带电导线后，应迅速将其带至距断线落地点 8～10 m 以外的地方，立即开始触电抢救。只有在确保线路已经无电的情况下，才可在触电者离开导线后就地急救。

⑤对于高压触电，应立即拉闸断电救人，当无法实现拉闸断电时，可以采用抛掷金属导体的方法使线路短路，迫使保护装置运作而断开电源。高空抛掷要注意防火，抛掷点应尽量远离触电者。

切断事故回路，使触电者脱离电源后，应立即就地进行抢救，在现场施行正确救护的同时，通知医务人员到现场。

3. 拔打急救电话

在操作新能源汽车高压安全设备发生触电事故时，在切断高压电源后，救护者应立即拔打急救电话，用最短的时间说清楚事故发生的地点、人员伤亡情况及现场控制情况（如告知医院事故的发生地点、事故简要情况、受伤人数、伤害程度等），并等待回答其他问题，切勿挂断电话。除此之外，应牢记新能源汽车公司或工厂内部的紧急救助电话，在最短的时间内获得救助增援。救助的基本步骤如图 1-15 所示。

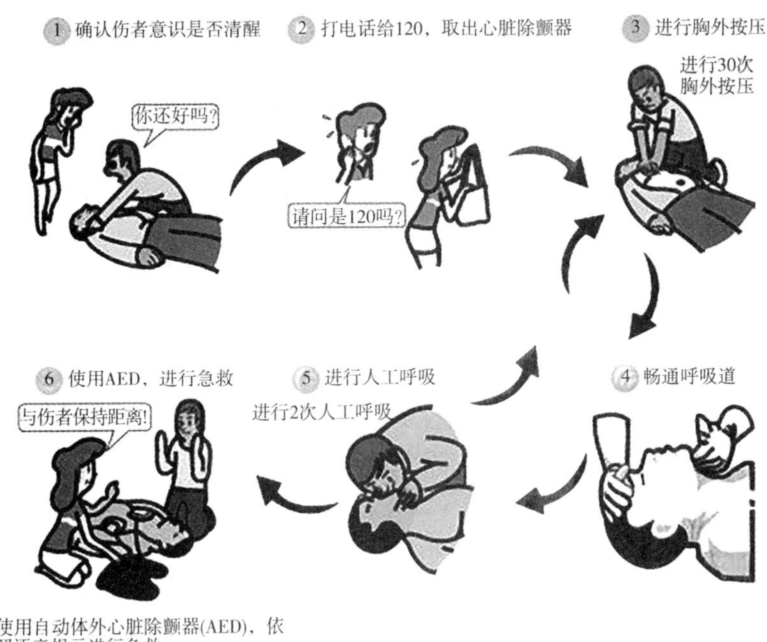

图 1-15 救助的基本步骤

四、现场紧急救助

根据触电者受伤害的轻重程度，实施现场紧急救护有以下几种情况。

1. 触电者失去知觉（心肺正常的抢救措施）

如果触电者已失去知觉，但呼吸和心跳正常，应采取的急救措施如下。

（1）使触电者平卧，解开衣服，以利于呼吸。

（2）不要在四周围观，保持空气流通，冷天应注意保暖。

（3）可以压触电者的“人中”或者给触电者嗅氨气。

（4）在医护人员未到现场之前严密观察触电者，若发现触电者呼吸困难或心跳失常，应立即施行人工呼吸或胸外按压。

如果触电者呼吸、心跳不正常，应立即实施心肺复苏法就地抢救，如图 1-16 所示。心肺复苏法（CPR）的三项基本措施是畅通呼吸道、口对口（鼻）人工呼吸、胸外按压。

图 1-16 采取心肺复苏法就地抢救

2. 抢救过程中的注意事项

(1) 保持呼吸道畅通。

(2) 不要使触电者直接躺在潮湿或冰冷的地面上进行急救。

(3) 人工呼吸急救应连续进行，换人时，操作节奏要一致。如果触电者有微弱自主呼吸，人工呼吸还要继续进行，但应和触电者的自主呼吸节奏一致，直到呼吸正常为止。

(4) 对触电者的抢救要坚持进行。发现瞳孔放大、身体僵硬、出现尸斑等，应经医生诊断，确认死亡后方可停止抢救。

任务四　新能源汽车的高压零部件

学习目标

1. 掌握新能源汽车的高压部件的名称及作用；
2. 掌握高压电预防式保护方式。

知识准备

一、北汽 EV160（2015 款）

北汽 EV160（2015 款）电动汽车高压系统包括动力蓄电池、高压电缆、高压控制盒、DC/DC 转换器、车载充电机、慢充口、驱动电机、电机控制器、空调压缩机、PTC 加热器、快充口和高压附件线束等零部件，如图 1-17 所示。

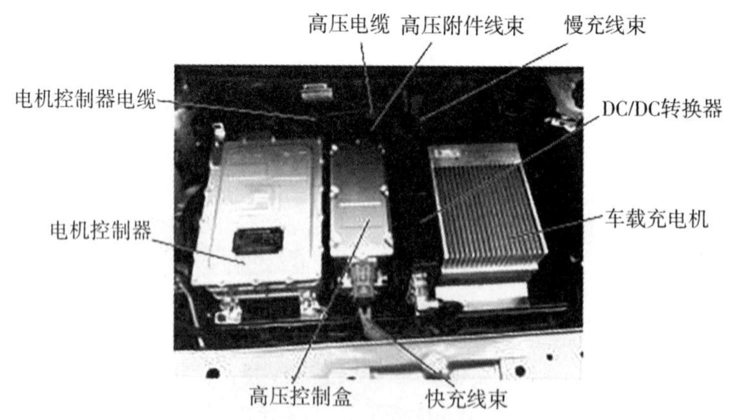

图 1-17　EV160（2015 款）高压系统部件

其高压系统原理图如图 1-18 所示。

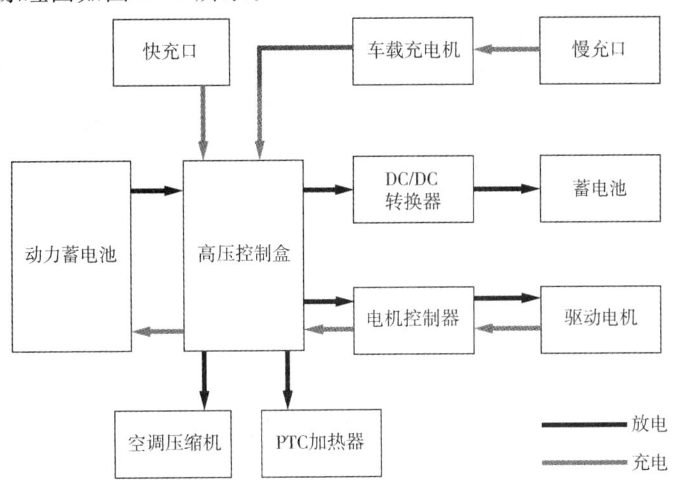

图 1-18　EV160（2015 款）高压系统原理图

该款车型的高压系统主要由充电和放电回路组成。实现动力蓄电池的充电来源主要有三个方面：一是充电枪连接快充口，通过高压控制盒由充电桩直接给动力蓄电池充电；二是充电枪连接慢充口，并且经过车载充电机，由高压控制盒控制慢充过程，为动力蓄电池进行充电；三是在汽车行驶过程中，由于驱动电机的转动会产生一定的电流，经电机控制器和高压控制盒处理后，也可为动力蓄电池进行充电。放电过程主要由动力电池输出的高压直流电（380 V）通过高压控制盒调节控制后，根据不同的电压电流需要，经调整后向各用电设备（蓄电池、驱动电机、空调压缩机和 PTC 加热器等）进行放电，使得用电设备能够正常工作。

二、高压零部件保护措施

1. 基本保护

(1) 基本绝缘。

基本绝缘是指导体的直接绝缘（有效绝缘）阻止了导流和绕组的故障。基本绝缘在有效绝缘的基础上，保护危险的人体触电，如图 1-19 所示。

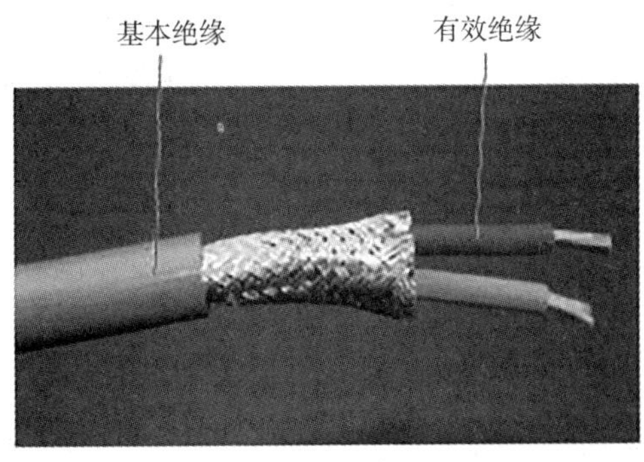

图 1-19　基本绝缘

(2) 接触保护。

接触保护主要是指高压插头的接触保护，如图 1-20 所示。

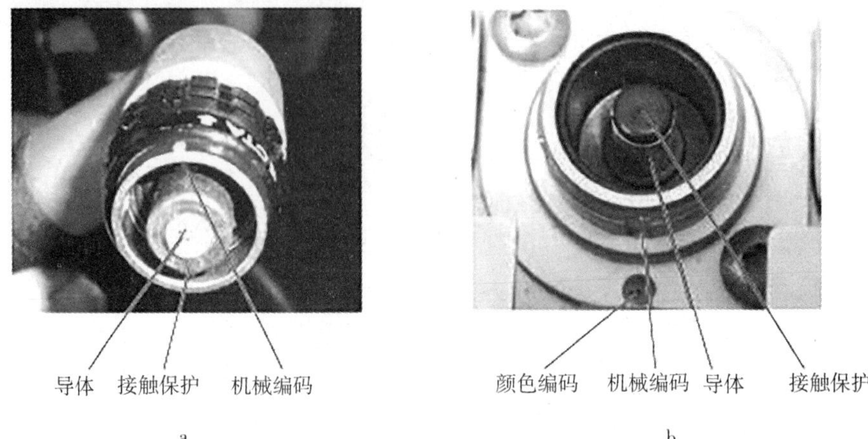

图 1-20　高压插头接触保护

(3) 高压线束标记。

对高压线束的防护及标记应满足以下要求：

①高压器件外部的高压线束必须含有屏蔽层，或外部罩有屏蔽罩等，以屏蔽电磁辐射。高压接插件在对接状态下须达到 360°屏蔽。

②高压器件外部的高压线束外部应包裹波纹管，如图 1-21 所示。

③高压零部件外面的高压线束应以橙色作为标记。

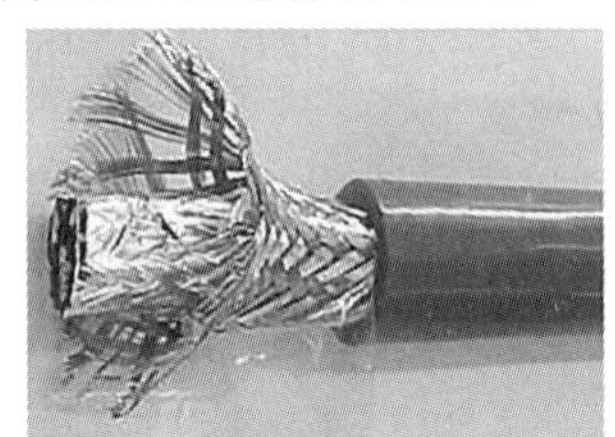

图 1-21　高压线束外部包裹波纹管

④高压器件均贴有安全标识，如图 1-22 所示。

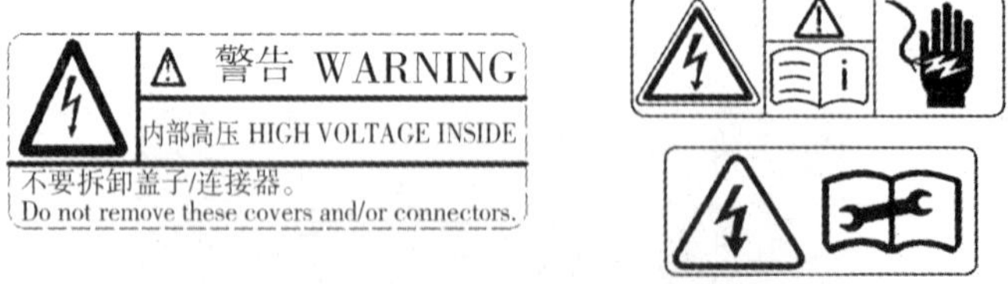

图 1-22　高压器件贴的安全标识

(4) 保护等级。

高压部件的外壳防护等级，即 IP 保护方式代号简介如图 1-23 所示。

电动车上的某些高压接插件要求达到 IP6、7，并且 360°屏蔽。其中，IP6 表示防接触保护，防止粉尘内部堆积；IP7 表示浸入规定压力的水，经规定时间后进水量不会达到有害程度。

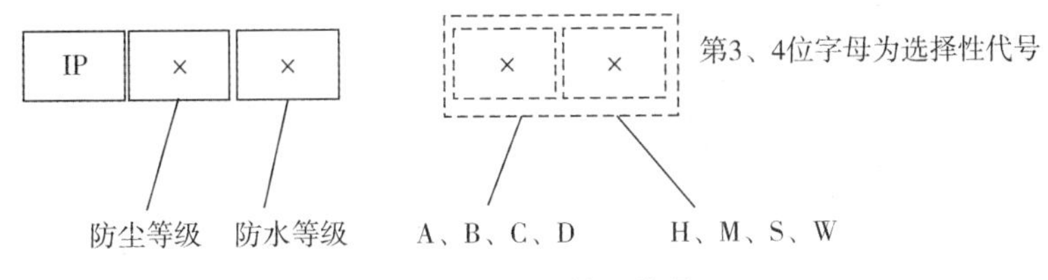

图 1-23 防护等级代号

2. 预防式保护措施

针对功能失效、高压安全等方面所做的防范设计的预防式保护措施主要有：电源极性反接防护、主动泄放、被动泄放、高压互锁、开盖检测、碰撞保护、漏电传感器、维修开关等。

（1）高压互锁。

高压互锁指的是电动车的主要高压接插件均带有互锁回路，当其中某个接插件被带电断开时，动力电池管理器便会检测到高压互锁回路存在断路，为保护人员安全，将立即进行报警并断开主高压回路电气连接，同时激活主动泄放。

高压互锁的功能：高电压触点监控电路可在出现带电状态断开高压电路的情况时，通过低压电路控制高压主接触器断开，防止触电风险。

高压互锁的实现，如图 1-24 所示。安全回路线是个环形线路，通过 12 V 电网元件来监控高电压电网；不能在未断开安全线的情况下拔下高压插头（设计实现）；安全回路线要是断路的话，会导致高压系统立即被切断。

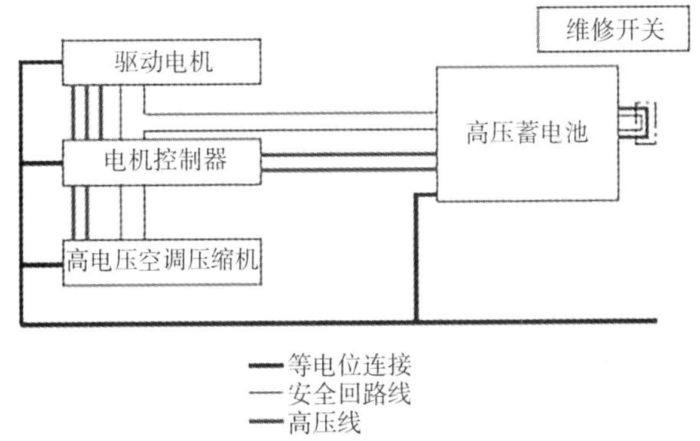

图 1-24 高压互锁线路图

只有在断开安全线的情况下才能拔下高压插头，如图 1-25 所示。

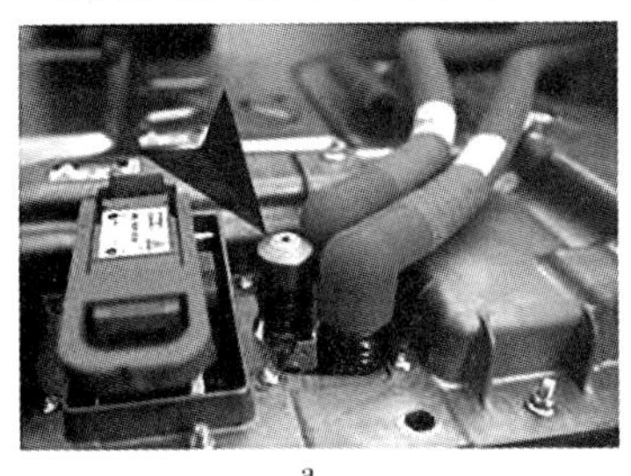
a

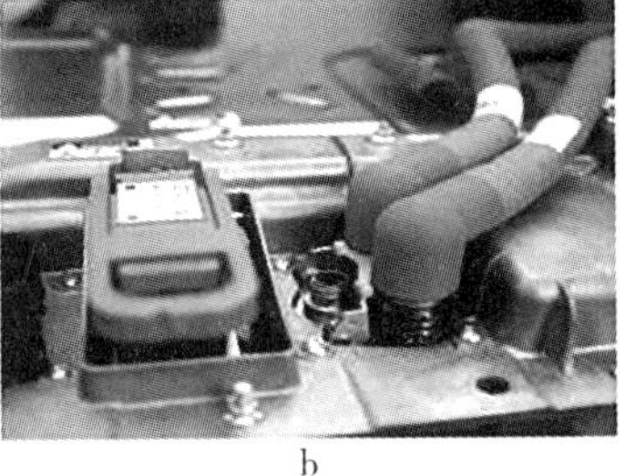
b

c

d

图 1-25 拔下高压插头

（2）开盖检测。

开盖检测指的是电动汽车的重要高压电控元件具有开盖检测功能，当发现这些元件的盖子在整车高压回路连通的情况下打开时，会立即进行报警，并断开高压主回路电气连接，同时激活主动泄放，如图 1-26 所示。

图 1-26 开盖检测

（3）主动泄放。

主动泄放指的是驱动电机控制器中含有主动泄放回路，当检测到车辆发生较大碰撞，或高压回路中某处接插件存在拔开状态，或含有高压的高压电控元件存在开盖的情况时，控制器可在 5 s 内将高压回路直流母线电压主动泄放到 60 V 以下，迅速释放危险电能，最大限度保证人员安全。

主动泄放功能：通过放电可以消除高压器件内电容器上的残余电压。

主动泄放是由电池管理系统控制的，每次切断高压系统或者中断低压控制线时，都会进行主动放电。

（4）被动泄放。

被动泄放指在含有主动泄放的同时，驱动电机控制器、空调驱动控制器等内部含有高压的电控产品同时设计有被动泄放回路，可在 2 min 内将高压回路直流母线电压泄放到 60 V以下，被动泄放作为主动泄放失效的二重保护。

被动泄放功能：为了保证即使在已把部件拆卸下来的情况下，也可以把残余电压消除掉。

（5）碰撞保护。

碰撞保护指当车辆发生碰撞时，动力电池管理器检测到碰撞保护信号大于一定阈值

时，会切断高压系统主回路的电气连接，同时通知驱动电机控制器激活主动泄放，从而可使发生碰撞时的短路危险、人员电击危险降到最低。

（6）功能互锁。

功能互锁指当车辆在进行充电或插上充电枪时，车辆的高压电控系统会限制整车不能通过自身驱动系统驱动，以防止可能发生的线束拖拽或安全事故。

（7）漏电传感器。

漏电传感器的功能是用于对电动汽车直流动力电源母线与其外壳、车身底盘之间的绝缘阻抗检测，通常检测与动力电池输出相连接的负极母线和车身底盘之间的绝缘电阻，来判断动力电池包的漏电程度，如图 1-27 所示。

例如，绝缘阻值小于或等于 100 kΩ 为一般漏电，绝缘阻值小于或等于 20 kΩ 为严重漏电。

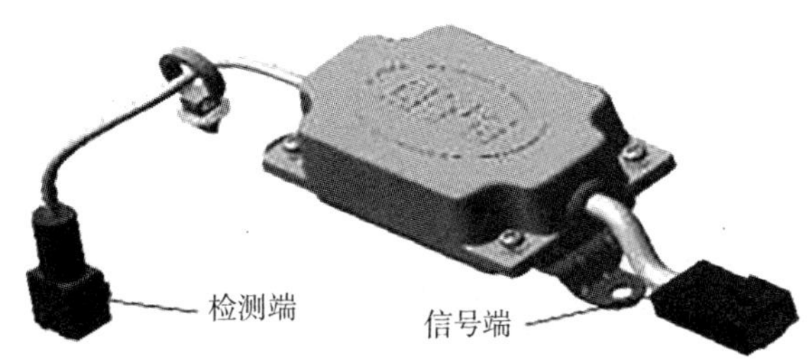

图 1-27　漏电传感器

（8）维修开关。

维修开关的功能是在车辆维修时直接断开高压回路，从而保证操作人员的安全。

①新能源汽车高压去电操作：

在采取防电击和电弧保护措施之后，才能开展新能源汽车维修的电气作业，绝对不能在带高压电的电气系统和设备中工作。为了达到这个要求，在工作期间，这些系统和装置必须处于不上电状态。

②在开始高压电工作之前，需要遵守以下五项安全法则：

a. 断电；

b. 防止意外上电；

c. 去电结果检查；

d. 接地与短路；

e. 与邻近带电部件隔离、绝缘。

五项安全法则在安全工作中是至关重要的。不论实际电压多少，这五条安全法则都是通用的。某些低限制可能适用于额定电压为 1000 V 的电气系统。前三个规则必须应用在高压系统的工作中，后两项安全法则是否应用必须由具体情况而定。

③在新能源汽车上实现五项安全法则：

在新能源汽车高压系统上，五项安全法则通过如下方法实现（对于不同的制造商要求不同）：

a. 断电。

主要通过关闭点火开关、关闭总电源、拔出熔断器、拔出联锁插件/导频/监控电路、从固定网格断开（例如充电插件）实现，如图 1-28 所示。

图 1-28　维修开关

b. 防止意外上电。

主要通过拿走点火开关并防止没有授权的人拿到、点火钥匙和拔出的安全开关（橙色）必须放置在安全的地点（如带锁的柜中）、遵守公司内部的公司规定和制造商的信息等途径实现，如图 1-29 所示。

a

b

图 1-29　防止意外上电

c. 去电结果检测。

即使高压电压已断开，可能存在残余电荷（例如，中间电路的电压）。因此必须进行前期工作，必须始终验证高压系统的非带电状态，如图 1-30 所示。

图 1-30　去电结果检测

任务实施

任务工单一　绝缘工具的规范操作及高压防护用具的规范穿戴

一、车辆基本信息记录

品牌		整车型号		生产日期	
发动机型号		发动机排量		行驶里程	
驱动电机型号		驱动电机类型		额定功率	
动力电池型号		动力电池编码		额定容量	
车辆识别码					

二、安全护具、拆装工具、考试场地检查

安全护具	个人护具（安全帽、绝缘手套、绝缘鞋、护目镜）	工具、设备	维修工具128件套装、专用绝缘工具组
	车辆护具（5件套）		高压绝缘工具及防护组套
警示标志	禁止类和警告类标识牌	场地检测	绝缘安全性检查
注明	参加学生需有安监系统低压电工证书，同时需经过专业操作培训方能参加此项考试		

三、高压防护用品检查

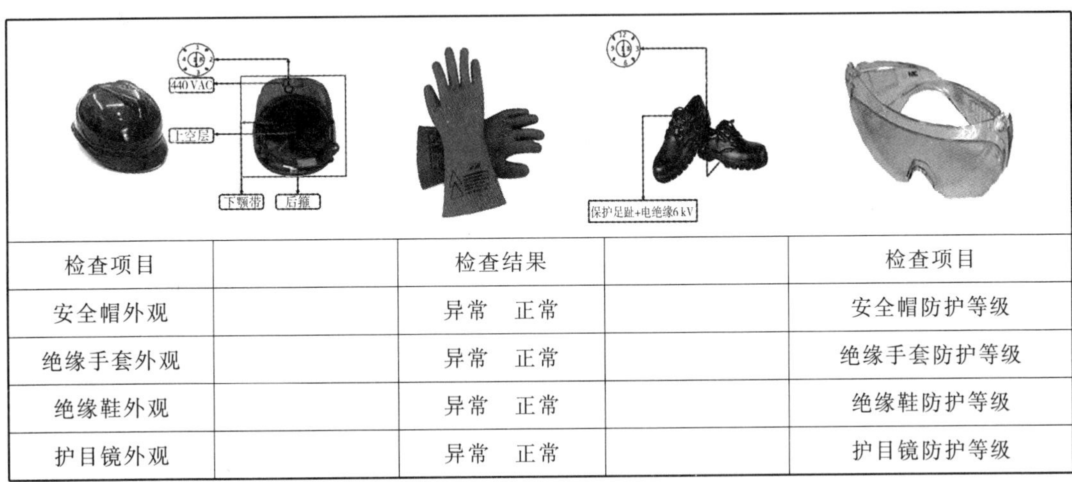

检查项目		检查结果		检查项目
安全帽外观		异常　正常		安全帽防护等级
绝缘手套外观		异常　正常		绝缘手套防护等级
绝缘鞋外观		异常　正常		绝缘鞋防护等级
护目镜外观		异常　正常		护目镜防护等级

四、绝缘工具检查

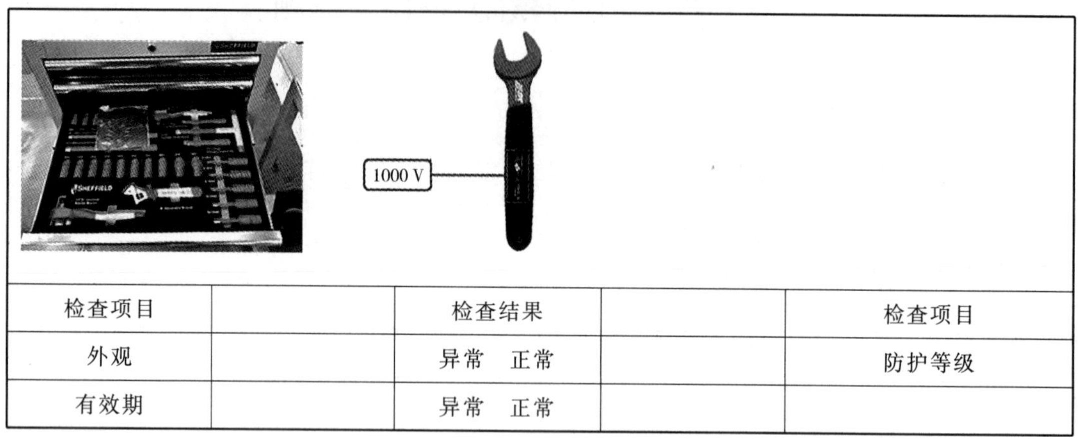

检查项目		检查结果		检查项目
外观		异常　正常		防护等级
有效期		异常　正常		

五、绝缘表检查

检查项目	检查结果	检查项目		检查结果
外观		异常　正常	开路检测	异常　正常
			开路检测	异常　正常

六、评价

通过对绝缘工具及高压防护用具的学习，结合所学知识和实训内容，填写自我评价、小组评价及教师评价表。

	自我评价			小组评价			教师评价		
	10—9	8—6	5—1	10—9	8—6	5—1	10—9	8—6	5—1
	占总评 10%			占总评 40%			占总评 50%		
总评									

任务工单二 维修开关操作与检测

一、车辆基本信息记录

品牌		整车型号		生产日期	
发动机型号		发动机排量		行驶里程	
驱动电机型号		驱动电机类型		额定功率	
动力电池型号		动力电池编码		额定容量	
车辆识别码					

二、安全护具、拆装工具、考试场地检查

安全护具	个人护具（安全帽、绝缘手套、绝缘鞋、护目镜）	工具、设备	维修工具 128 件套装、专用绝缘工具组
	车辆护具（5 件套）		高压绝缘工具及防护组套
警示标志	禁止类和警告类标识牌	场地检测	绝缘安全性检查

三、维修开关操作方法

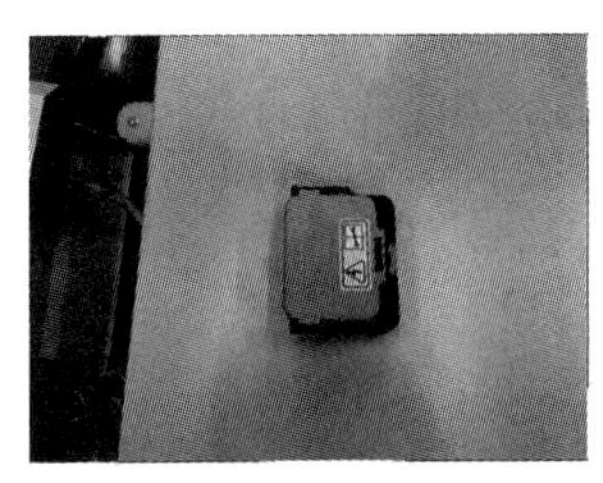

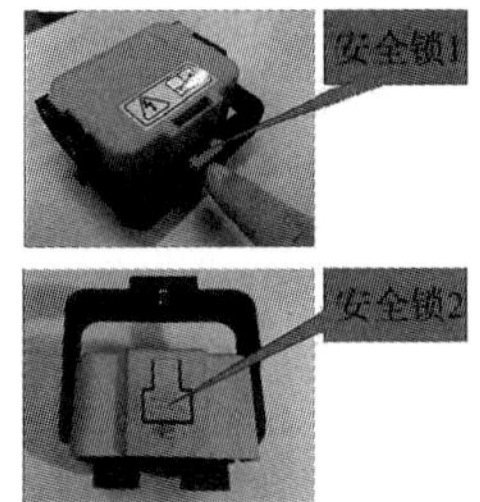

注意事项：在安装或者拔出维修开关时，首先要把启动开关处于关闭状态，然后断开低压蓄电池负极，等待 2～3 分钟待系统完全断电后再进行相关操作，同时要做好高压绝缘防护。

四、维修开关检测

（一）维修开关检测内容及流程

1. 维修开关外观检查

内容：维修开关整体外观是否有损坏、变形、磕碰等情况；

流程：通过观测维修开关整体外观是否有损坏、变形、磕碰等状态。

2. 维修开关插接头检查

内容：维修开关插接头的防水胶、接线柱、熔断器、卡扣、锁销等情况；

流程：通过观测维修开关插接头的防水胶、接线柱、熔断器、卡扣、锁销等是否有损坏、变形、磕碰、变色等状态。

3. 熔断器检查

内容：检查熔断器状态是否良好，安装紧固是否可靠；

流程：用专用万用表测试电阻值（阻值应在正常工作范围内）。

4. 维修开关插座可靠性检查

内容：检查维修开关插座可靠性，确保接插件正常使用；

流程：测试维修开关插座是否有松动、破损、腐蚀，以及密封等情况，使用专用万用表测量连接可靠性，使用绝缘工具试验固定螺栓是否可靠，用绝缘测试仪进行绝缘测试。

根据图片进行维修开关实际测量，简述检测方法并记录测量数据：

（1）维修开关高压熔断器检查。

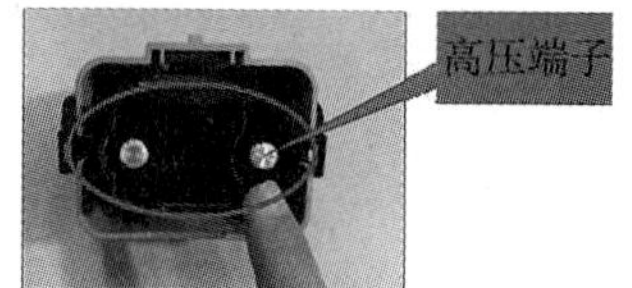

检测方法：

____

____

检测的电阻值：__________。

（2）维修开关高压互锁监测线检查。

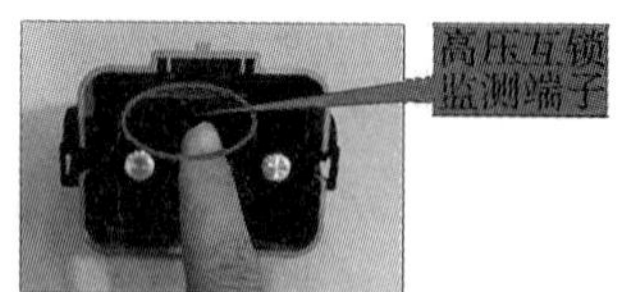

检测方法：

____

____

检测的电阻值：__________。

五、评价

通过对维修开关的学习，结合所学知识和实训内容，填写自我评价、小组评价及教师评价表。

	自我评价			小组评价			教师评价		
	10—9	8—6	5—1	10—9	8—6	5—1	10—9	8—6	5—1
	占总评 10%			占总评 40%			占总评 50%		
总评									

任务工单三　高压断电流程操作

一、车辆基本信息记录

品牌		整车型号		生产日期	
发动机型号		发动机排量		行驶里程	
驱动电机型号		驱动电机类型		额定功率	
动力电池型号		动力电池编码		额定容量	
车辆识别码					

二、安全护具、拆装工具、考试场地检查

安全护具	个人护具（安全帽、绝缘手套、绝缘鞋、护目镜）	工具、设备	维修工具 128 件套装、专用绝缘工具组
	车辆护具（5 件套）		高压绝缘工具及防护组套
警示标志	禁止类和警告类标识牌	场地检测	绝缘安全性检查

三、高压断电核心操作步骤

操作步骤	检查结果
1. 拆卸前需安置警示栏，2 名持有低压电工证和接受过专业培训的人同时作业	异常　正常
2. 将所有充电口用黄黑色胶带封住	异常　正常

续 表

操作步骤	检查结果
3. 车辆铺防护 3 件套（5 件套）	异常　正常
4. 个人防护用品检查，绝缘表校表，绝缘工具检查；对操作场地进行绝缘检查，确认符合绝缘要求	异常　正常
5. 关闭点火开关，收好车辆钥匙，拆掉 12 V 蓄电池负极，并进行绝缘防护，等待 5 分钟以上	异常　正常
6. 找到检修开关并拆除（如果有维修开关），收好	异常　正常
7. 操作人员需穿戴绝缘鞋和佩戴绝缘手套	异常　正常
8. 蓄电池、维修开关位置安置“禁止合闸，有人工作”禁止类标识牌	异常　正常
9. 拆除高压电池连接器遮板，找出高压线来和低压控制线束（高压线束有两组：驱动电机端和直流充电配电盒端）	异常　正常
10. 先断低压控制线束，后断高压线束	异常　正常
11. 用万用表对动力电池端高压线 HV＋、HV－进行电压测量，确认电压为 0	异常　正常
12. 对电机端高压线束的正、负极连接器进行放电	异常　正常
13. 对两组高压线 HV＋、HV－，对电池壳体进行绝缘检测	异常　正常
14. 用专用工装将低压及高压接口进行安全防护或用绝缘胶带进行绝缘防护	异常　正常

四、评价

通过对高压断电流程的学习，结合所学知识和实训内容，填写自我评价、小组评价及教师评价表。

	自我评价			小组评价			教师评价		
	10－9	8－6	5－1	10－9	8－6	5－1	10－9	8－6	5－1
	占总评 10%			占总评 40%			占总评 50%		
总评									

项目二　纯电动汽车整车控制系统

任务一　整车控制系统概述

学习目标

1. 能够迅速找到电池管理系统、网关控制器等部件的安装位置；
2. 能够正确地拆装控制系统的部件；
3. 能够正确检查车辆的上下电情况。

知识准备

一、整车控制系统的组成及功能

整车控制系统通常由多个控制单元、传感器、控制器及 CAN 通信网络组成。

整车控制系统通过相应的传感器用来收集驾驶人的动作（例如，加速踏板传感器、制动踏板传感器、挡位传感器等），根据车辆实际状况对车辆的输出转矩进行控制及分配。电动汽车的功能模式有爬行模式、正常模式、能量回收模式、故障模式、蓄电池管理系统、高电压控制系统、在蓄电池剩余电量测定等。

整车控制系统主要有以下功能：

1. 整车能量优化管理

整车控制器通过对电机驱动系统、电池管理系统、空调系统、电加热系统等的协调和管理，达到延长动力电池使用寿命、提高整车能量利用效率、提高续驶里程的目的。

2. 驾驶员意图解析

整车控制系统根据加速踏板和制动踏板信号，解析驾驶员的驾驶意图（如加速、减速、制动等），即根据策略中相关的计算规则，将驾驶员发出的加速踏板信号和制动踏板信号转化电机的转矩命令直接或通过 CAN 总线传送给电机控制器，控制电机控制器的输出功率。

3. 驱动控制

整车控制器对动力电池信息、驾驶员对车辆的操纵输入（加速踏板信号、制动踏板信号和挡位信号）、车辆运行状态、行驶路况及环境等信息进行分析和处理，向相关部件控制器发出指令，控制电机的运行状态，包括起步、加速、怠速、减速、跛行等。

4. 制动能量回馈控制

当车辆减速或进行制动时，整车控制系统根据当前车辆行驶状态信息和动力电池的状态信息来判断是否进行制动能量回馈控制及能量回馈的强度。

整车控制系统在满足车辆安全性能、制动性能、驾驶员舒适性、动力电池舒适性、动力电池安全性的前提下，进行能量回馈，提高整车能量利用效率。驾驶员可根据行驶工况和自身的驾驶习惯等预先选择制动能量回馈强度。

5. 充电过程控制

整车控制系统接收充电信号后，配合电池管理系统共同进行充电过程中的充电功率控制，同时禁止放电功率，保证车辆在充电状态下处于行驶锁止状态，并根据电池状态信息限制充电功率，以保护电池。

6. 车辆状态的实时监测和显示

整车控制系统将车辆的运行状态进行实时监测，并通过原车 CAN 总线将各子系统的状态信息送给车载信息显示装置，包括显示仪表和中控系统，目的是通知驾驶员车辆目前的状态，或对驾驶员进行相应的提醒。

7. 高低压上、下电控制

整车控制系统制订上、下电的流程。根据车辆状态及驾驶员的相关操作（制动踏板的动作、启动开关的动作等），整车控制系统判断是否要上、下电；如果要上、下电，则执行上、下电流程。

8. 故障诊断与处理

整车控制系统统筹电池、电空调、转向等信息，对车辆的状态进行判断、等级分类、报警显示等处理，同时存储故障码，以供维修时查看。如有必要，则通过远程控制中心，以备后续使用。

9. 整车 CAN 通信网络管理

整车控制系统连接整个汽车网络，协调动力系统、车身系统、安全系统中各个 ECU 的信息交换及共享。其主要工作是组网、节点管理、信息路由、数据编辑及解码等。

10. 电动化辅助系统管理

电动化辅助管理系统包括电动空调、电动制动系统、电动助力转向系统、辅助动力电池加热系统等。

整车控制系统对电动空调、辅助动力电池加热系统进行能量控制，控制其输出功率，从而保证驱动功率或动力电池的使用寿命；也可以通过电动空调、辅助动力电池加热系统辅助动力电池进行热管理。

11. 远程控制

目前，大多数电动汽车都有远程控制功能，通常包括远程信息查询、远程充电控制、远程空调控制等。用户可以通过收集应用程序实时查询车辆状态，包括电池 SOC、续航里程、空调状态、电池温度等，也可以进行远程充电控制和远程空调控制。汽车厂可以通过远程控制功能收集车辆信息进行常见故障归类，为后续的开发工作节省成本，还可以进行远程软件升级。

二、整车控制系统的控制方式

整车控制系统是电动汽车的中枢，主要是数据交换、安全监控、整车状态检测、驾驶员意图解析、信息的传递、安全控制及动力电池能量管理等，对电动汽车的舒适性、动力

性、安全性和经济性有着很大的影响。

整车控制系统通常采用分层控制的方式，对车辆的整体进行控制。

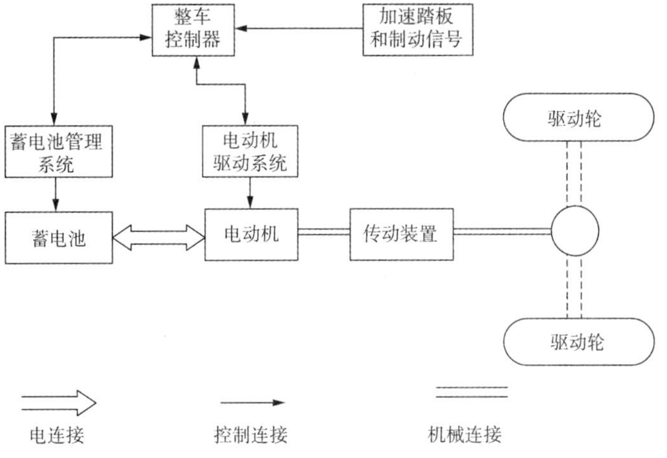

图 2-1 整车控制系统分层控制的方式

三、整车控制系统的控制策略

车辆需要在保证安全的前提下，根据驾驶员意图，汽车的动力性、平顺性、舒适性等要求选择合适的控制策略。根据汽车的运行工况和驾驶员的需求，控制策略要实现能量在电池、电机 DC/DC、电动空调及其他用电设备之间进行合理有效的分配，使整车效率达到最高，获得最大的经济性、平稳的驾驶性能和良好的舒适性。常见的控制策略有整车能量管理控制、整车驱动控制、制动能量回馈控制和整车保护功能控制等。

1. 整车能量管理控制

整车能量管理控制就是通过对车载能源动力系统的管理，提高整车能量利用效率，延长纯电动汽车的续驶里程。

整车能量管理控制模块不但控制整车各种工作模式的切换，而且控制着能量流的合理分配。纯电动汽车能量控制策略通常采用基于规则的能量管理策略。通常根据电池组的 SOC 进行能量流的分配，当 SOC 取值不同时，控制整车的能量分配，包括是否允许空调运行及是否限制驱动电机功率等。通常为了保证电动汽车续驶里程，设置一个 SOC 门限值（称为 SOC1），当 SOC 下降到 SOC1 时，禁止空调系统运行；为了保护动力电池，设置一个 SOC 门限值（称为 SOC2），当 SOC 下降到 SOC2 时，驱动电机限功率运行。

2. 整车驱动控制

整车驱动控制策略的核心是根据驾驶员的动作分析其驾驶意图，并综合考虑动力系统状态，计算出驾驶员对电机的期望转矩，然后向电机驱动系统发出指令，使纯电动汽车的行驶状态尽可能快速、准确地响应，从而满足驾驶员的工况要求。

整车驱动控制实时考虑行驶工况、电池 SOC 等影响因素，将转矩合理地分配给电机；同时限定电机的工作区域和 SOC 范围，确保电机和动力电池能够长时间保持高效的状态。如果超出了限定范围，则系统可根据预先设定的规则对电动汽车系统的工作模式进行判定和选择。整车驱动控制策略具有启动控制、加速控制、怠速控制、减速控制及驻坡等驱动功能。

3. 制动能量回馈控制

制动能量回馈控制即依靠电机的反拖制动，将车辆行驶的动能存储在汽车的储能装置中并加以回收利用，主要采集制动踏板信号、ABS信号和动力电池信息，以判断是否启用再生制动，再结合驱动电机信息计算出此刻最大回馈电流，转化成再生制动力矩，然后实施能量回馈。最后，随着各个信号的变化，逐渐修正制动力矩。

4. 整车保护功能控制

车辆发生故障时，VCU会实时检测故障，根据故障的等级判定优先级，然后根据车辆的运行状态，发出相应的故障处理指令，如下高压或限功率等。依据《车载诊断标准》《电动汽车用驱动电机系统故障分类及判断》和《电动汽车用电池管理系统技术条件》对故障进行分级处理。

任务二　比亚迪秦EV整车控制系统

学习目标

1. 掌握比亚迪秦EV的控制系统的基本组成；
2. 掌握比亚迪秦EV的控制。

知识准备

一、比亚迪秦EV的控制系统的基本组成

比亚迪秦EV是一款知名的纯电动汽车，其整车控制系统的基本组成包括以下几个方面：

1. 电池管理系统（Battery Management System，简称BMS）

负责监控和管理秦EV的动力电池系统。BMS会实时监测电池组的电压、温度、电流等参数，并通过均衡充放电来保证电池的安全性和性能。

2. 电机控制系统（Motor Control System）

秦EV搭载了高效的电动驱动系统，电机控制系统负责控制电动机的转速、扭矩和功率输出。它通过电控单元（ECU）来监测车辆状态和驾驶需求，并调节电机的工作模式和输出，以提供最佳的动力性能和能效。

3. 动力总成控制系统（Powertrain Control System）

秦EV的动力总成控制系统整合了BMS和电机控制系统，协调电池、电机和其他动力组件之间的工作。它根据驾驶模式、电池状态和路况等因素，优化能量管理和分配，以提供最佳的驾驶体验和续航里程。

4. 制动能量回收系统（Regenerative Braking System）

秦 EV 采用了制动能量回收技术，将制动过程中产生的能量转化为电能，并存储到电池中，以提高能源利用效率。制动能量回收系统与电机控制系统和 BMS 协同工作，实现能量的回收和管理。

5. 车身稳定控制系统（Vehicle Stability Control System）

这个系统监测车辆的姿态、加速度和转向角度等信息，并根据需要调节电机输出、制动力分配等，以提高车辆的稳定性和操控性能。

6. 充电管理系统（Charging Management System）

秦 EV 配备了充电管理系统，用于管理电动汽车的充电过程。该系统包括充电接口、充电控制器和充电桩之间的通信，可以控制充电速度、充电模式和电流分配，确保安全和高效的充电体验。

综上所述，比亚迪秦 EV 的整车控制系统包括电池管理、电机控制、动力总成控制、制动能量回收、车身稳定控制和充电管理等多个方面，以实现更高效、安全和智能的纯电动驾驶体验。

二、比亚迪秦 EV 的控制系统

1. 当驾驶人踩下制动踏板的同时按下启动按钮，制动信号与一键启动信号同时传递给车身控制模块 BCM，同时需要防盗模块正常（智能钥匙系统控制器通过磁卡探测天线发送寻找智能钥匙信号，智能钥匙接收到信号后发送高频信号给智能钥匙系统控制器，智能钥匙系统控制器检测到钥匙放置在车内，且钥匙合法，然后经过启动子网将信息发送至 BCM），工作电路如图 2-2 所示。

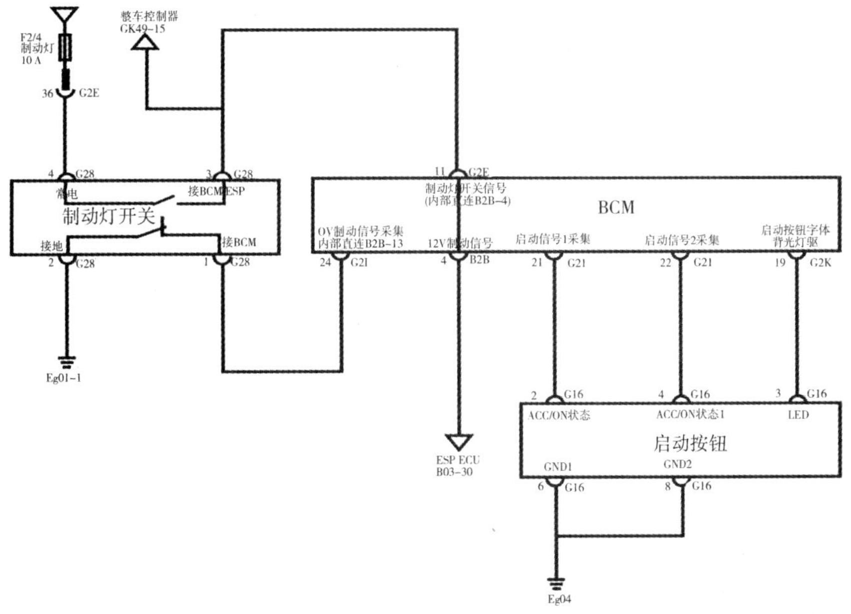

图 2-2 比亚迪秦 EV 启动时的工作原理

2. BCM 接收到以上信号后，BCM 将 IG1 继电器、IG3 继电器、IG4 继电器吸合且通过内部电路给 IG1、IG3、IG4 继电器供电，工作电路如图 2-3 所示。

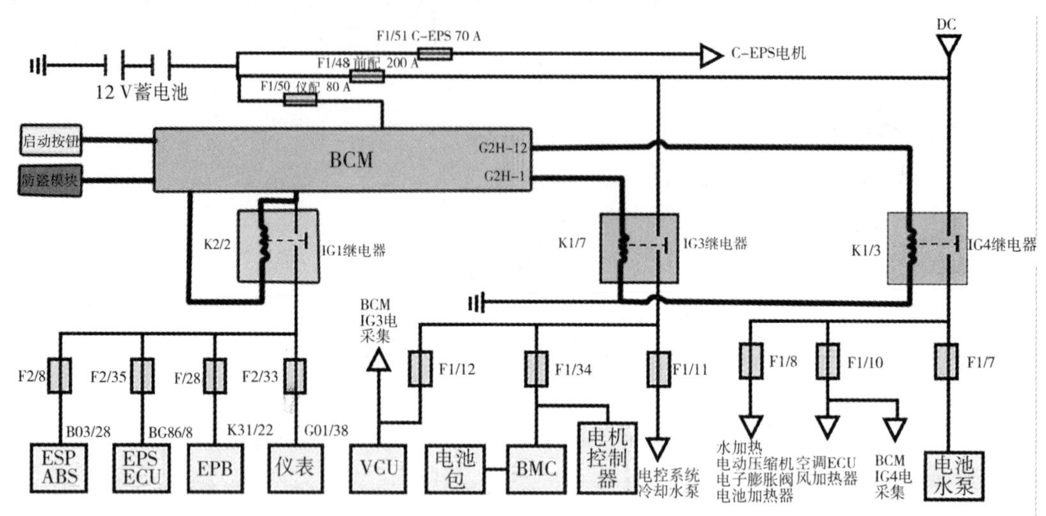

图 2-3　比亚迪秦 EV 继电器的工作原理

3. 各控制模块进行自检（例如，电池管理控制器通过 CAN 线与电池信息采集器通信，检测电池包内单节电池电压、温度及容量等参数是否正常，并通过漏电传感器检测是否存在漏电情况）且自检正常，便开始启动预充流程。BMC 开始控制电池包内部的预充接触器与负极接触器吸合，当驱动电机控制器检测预充电压已经达到电池包总电压的 2/3 以上时，通过 CAN 线通信告知 BMS 预充完成，BMC 吸合正极接触器，同时断开预充接触器，仪表点亮“OK”指示灯，整车高压上电，工作原理如图 2-4 所示。

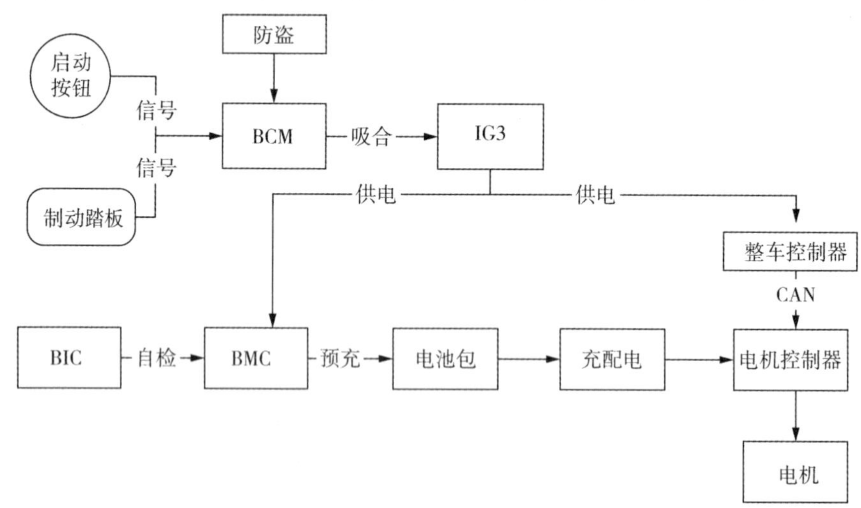

图 2-4　比亚迪秦 EV 的预充原理

4. 电池包内部有接触器和电池信息采集系统（BIC/BCC），电池管理控制系统 BMC 通过电平信号控制接触器通断，通过 CAN 与 BIC/BCC 通信接收电池模组基本信息。

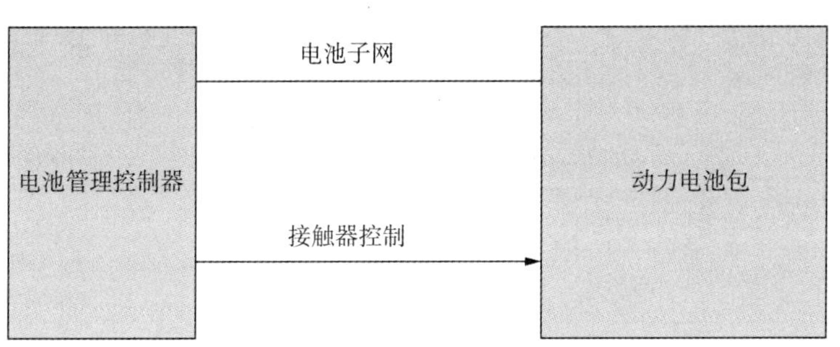

图 2-5　比亚迪秦 EV 的电池管理系统

任务三　比亚迪秦 EV 案例分析

一、故障现象

一辆比亚迪秦 EV 车辆无法上高压电，车主介绍车辆开始无法进行快充，开车去了 4S 店进行维修，不知道 4S 店动了什么就不能上高压电了。

二、故障分析

造成此种现象的原因可能是：

1. 小电瓶没电；
2. BMS 损坏；
3. 充电机损坏；
4. 整车控制系统损坏；
5. 高压保险损坏。

三、故障诊断

1. 检测小电瓶，发现小电瓶没电，搭电后车辆还是不能上高压电。

2. 读取车辆的故障码，车辆报的故障码有：P1B000［驱动 IPM（智能功率模块）故障］、P1B3100［IGBT（绝缘栅双极型晶体管）过热］、P1B9716［动力电池总电压严重过低］、P1BE700［驱动 CPLD（复杂可编程逻辑器件）检测 IGBT（绝缘栅双极型晶体管）上桥报错故障］、P1BE800［驱动 CPLD（复杂可编程逻辑器件）检测 IGBT（绝缘栅双极型晶体管）下桥报错故障］，如图 2-6 所示，清除故障码后，只有 IGBT 的故障码。

自动诊断

比亚迪新能源V12.40>手动选择车型>新能源车型>秦EV>秦EV通用　　技术支持：4008803086

VTOG_DSP2(VTOG_DSP2)	P1B0000	驱动IPM(智能功率模块)故障	当前故障
VTOG_DSP2(VTOG_DSP2)	P1B3100	IGBT(绝缘栅双极型晶体管)过热	当前故障
VTOG_DSP2(VTOG_DSP2)	P1B9716	动力电池总电压严重过低	当前故障
VTOG_DSP2(VTOG_DSP2)	P1BE700	驱动CPLD(复杂可编程逻辑器件)检测IGBT(绝缘栅双极型晶体管)上桥报错故障	当前故障
VTOG_DSP2(VTOG_DSP2)	P1BE800	驱动CPLD(复杂可骗程逻辑器件)检测IGBT(绝缘栅双极型晶体管)下桥报错故障	当前故障

图 2-6　比亚迪秦 EV 的故障码

通过上面的故障分析，故障原因是多合一控制器故障。

3. 比亚迪秦 EV 的控制器是一个多合一控制器，内部包含 DC/DC、OBC、MCU、漏电盒等主控功能，如图 2-7 所示。

图 2-7　比亚迪秦 EV 的控制器

4. 把比亚迪秦 EV 控制器中的电路板一层一层拆解出来，如图 2-8 所示。

图 2-8　比亚迪秦 EV 的控制板中的电路板

5. 通过故障码，分析是 IGBT 故障，对 IGBT 进行故障检测。

首先分析相应的电路，如图 2-9 所示。

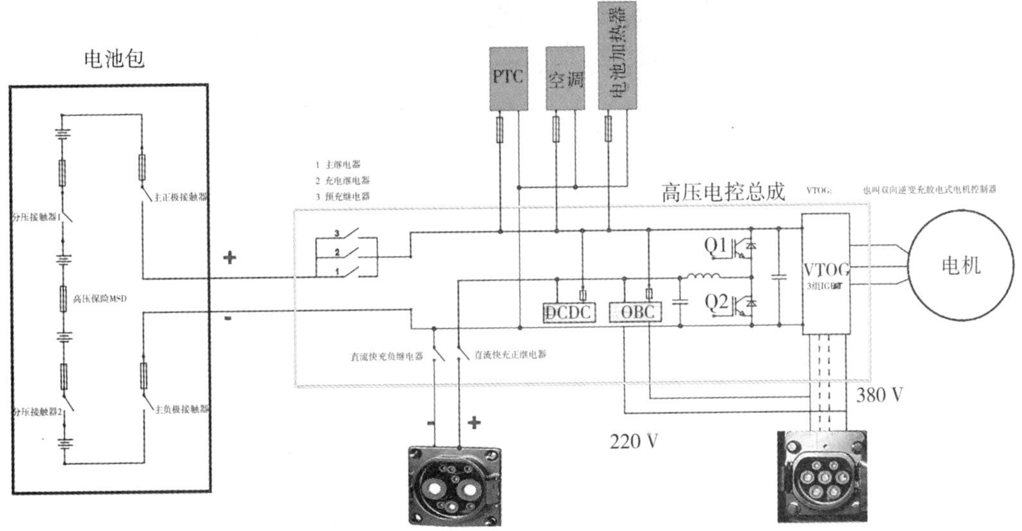

图 2-9　比亚迪秦的 IGBT 的维修资料

通过查找电路图，分析故障点为 IGBT 故障，对 IGBT 进行检测，通过检测发现 IGBT 已经被击穿，拆开 IGBT 发现内部已经烧焦，如图 2-10 所示。

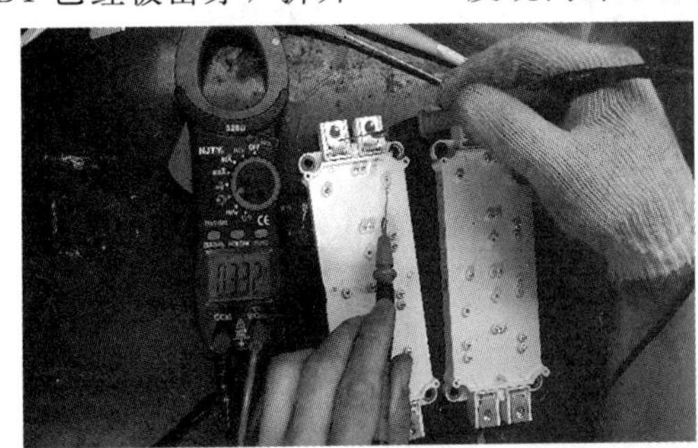

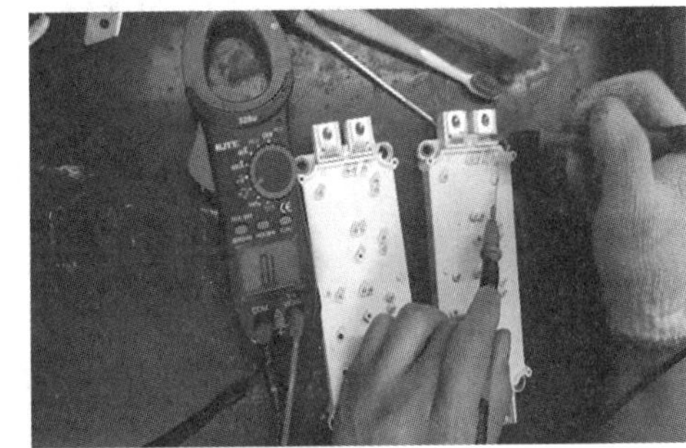

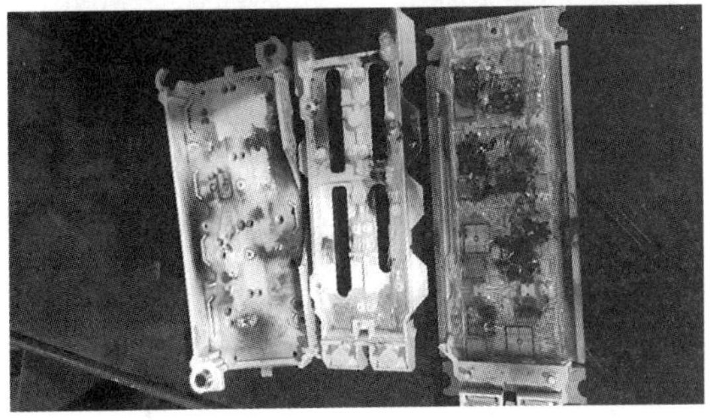

图 2-10　IGBT 的检测

6. 更换 IGBT 检查驱动板的工作状况：给驱动板接上信号发生器，模拟驱动，利用示波器检测驱动波形。检测波形正常，波形如图 2-11 所示。

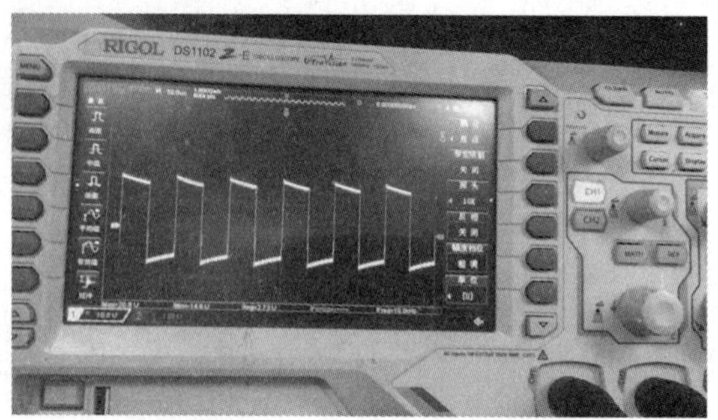

图 2-11　比亚迪秦 EV 的驱动波形

7. 拆解下来的部件重新安装好，重新启动，发现车辆还是不能上电，由于驱动板上的 IGBT 烧坏，导致线路出现短路故障，烧断高压保险。拆下电池包中的高压保险（也称为高压开关），如图 2-12 所示。

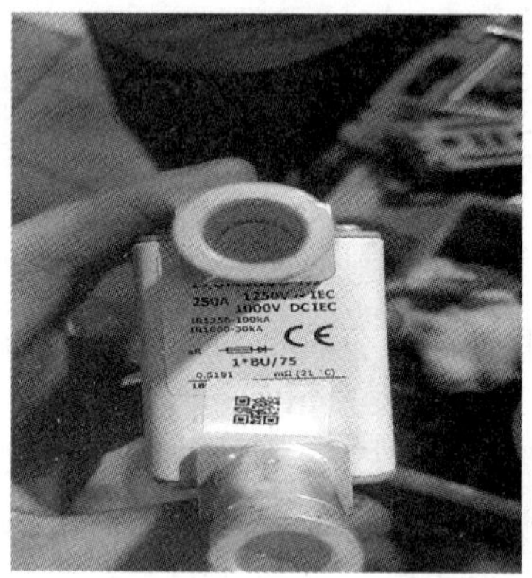

图 2-12　比亚迪秦 EV 的维修开关

8. 更换维修开关后，重新启动车辆，车辆恢复正常，慢充和快充都能正常充电。

任务实施

任务工单一　比亚迪秦 EV 查阅原厂电路手册绘制高压连接原理图

一、车辆基本信息记录

品牌		整车型号		生产日期	
发动机型号		发动机排量		行驶里程	
驱动电机型号		驱动电机类型		额定功率	
动力电池型号		动力电池编码		额定容量	
车辆识别码					

二、安全护具、拆装工具、考试场地检查

安全护具	个人护具（安全帽、绝缘手套、绝缘鞋、护目镜）	工具、设备	维修工具 128 件套装、专用绝缘工具组
	车辆护具（5 件套）		高压绝缘工具及防护组套
警示标志	禁止类和警告类标识牌	场地检测	绝缘安全性检查

三、高压连接原理简图

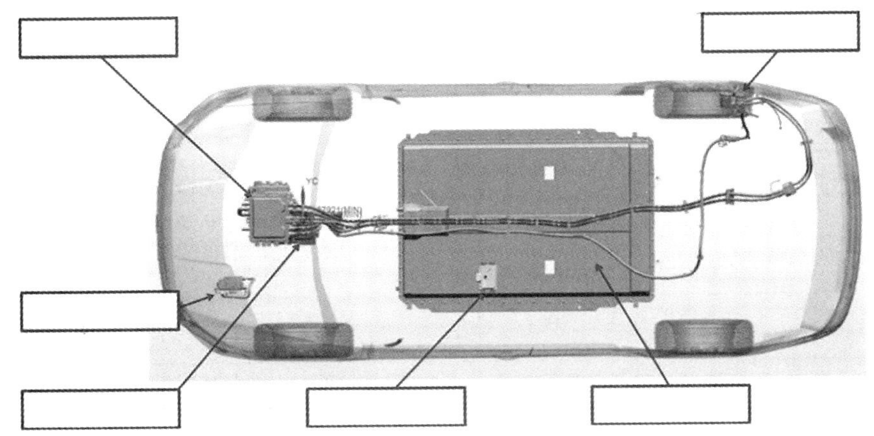

四、查找维修手册，分析高压电路的工作原理

五、评价

通过对高压电路连接的学习，结合所学知识和实训内容，填写自我评价、小组评价及教师评价表

	自我评价			小组评价			教师评价		
	10—9	8—6	5—1	10—9	8—6	5—1	10—9	8—6	5—1
	占总评 10%			占总评 40%			占总评 50%		
总评									

任务工单二　整车控制系统的检测

一、车辆基本信息记录

品牌		整车型号		生产日期	
发动机型号		发动机排量		行驶里程	
驱动电机型号		驱动电机类型		额定功率	
动力电池型号		动力电池编码		额定容量	
车辆识别码					

二、安全护具、拆装工具、考试场地检查

安全护具	个人护具（安全帽、绝缘手套、绝缘鞋、护目镜）	工具、设备	维修工具 128 件套装、专用绝缘工具组
	车辆护具（5 件套）		高压绝缘工具及防护组套
警示标志	禁止类和警告类标识牌	场地检测	绝缘安全性检查

三、整车控制系统的相关数据的检测

参数名称	读取并记录数据流	判定
高压防护设备检查		正常　异常
智能钥匙信号		正常　异常
挡位开关信号		正常　异常
制动踏板信号		正常　异常
整车控制器 VCU		正常　异常
电池管理器 BMS		正常　异常
电机控制器 PEU		正常　异常
交流充电系统 OBC		正常　异常

四、评价

通过对整车控制系统的学习，结合所学知识和实训内容，填写自我评价、小组评价及教师评价表。

	自我评价			小组评价			教师评价		
	10—9	8—6	5—1	10—9	8—6	5—1	10—9	8—6	5—1
	占总评 10%			占总评 40%			占总评 50%		
总评									

项目三 混合动力管理系统

任务一 混合动力管理系统概述

学习目标

1. 能够掌握混合动力管理系统的组成；
2. 能够掌握混合动力管理各子系统的功用。

知识准备

混合动力管理系统是指用于管理和协调混合动力汽车各个子系统的集成系统。它包括以下几个主要组成部分：

1. 内燃机控制系统（Internal Combustion Engine Control System）

混合动力汽车通常搭载内燃机作为辅助能源，内燃机控制系统负责管理和控制内燃机的工作状态。它根据驾驶需求和系统优化策略，控制内燃机的启停、输出功率和工作模式。

2. 电机控制系统（Motor Control System）

混合动力汽车还搭载了电动机，电机控制系统负责控制电动机的转速、扭矩和功率输出。它通过电控单元（ECU）监测车辆状态和驾驶需求，并根据内燃机和电池的状态来调节电机的工作模式和输出，以提供最佳的动力性能和能效。

3. 能量管理系统（Energy Management System）

混合动力汽车的能量管理系统协调和优化内燃机和电动机之间的能量流动。它根据驾驶模式、电池状态和路况等因素，动态分配内燃机和电动机的功率输出，以实现最佳的燃油经济性和驾驶性能。

4. 动力总成控制系统（Powertrain Control System）

该系统整合了内燃机控制系统、电机控制系统和能量管理系统，负责协调混合动力系统中各个组件的工作。它根据驾驶需求和系统优化策略，自动切换和调节内燃机和电动机的工作模式，以提供最佳的动力输出和能效。

5. 制动能量回收系统（Regenerative Braking System）

混合动力汽车通常采用制动能量回收技术，将制动时产生的能量转化为电能，并存储到电池中，以提高能源利用效率。制动能量回收系统与电机控制系统和能量管理系统协同工作，实现能量的回收和管理。

综上所述，混合动力管理系统是一个复杂的系统，包括内燃机控制、电机控制、能量管理、动力总成控制和制动能量回收等多个方面。这些系统相互协作，以实现混合动力汽车的高效能源利用和优化驾驶性能。

任务二 比亚迪秦 PLUS DM-i 的整车控制策略

学习目标

1. 掌握比亚迪秦 PLUS DM-i 的动力基本组成；
2. 掌握比亚迪秦 PLUS DM-i 的动力控制策略。

知识准备

秦 PLUS DM-i 超级混动，“i”即 intelligent，指智慧、节能、高效，满足“追求更极致的行车油耗”的用户。DM-i 超级混动的系统架构上包括：骁云一插混专用 1.5 L 高效发动机、EHS 电混系统、DM-i 超级混动专用功率型刀片电池、交直流车载充电器等核心零部件。同时整车控制系统、发动机控制系统、电机控制系统、电池管理系统也完全自主研发。DM-i 超级混动特点可以高度概括为“以电为主的混动技术”。

一、比亚迪秦 PLUS DM-i 的基本构成

比亚迪 DM-i 混动系统通过增加大功率电机和大容量电池，使得发动机成为动力的辅助部件，最终达到多用电、少用油的效果。

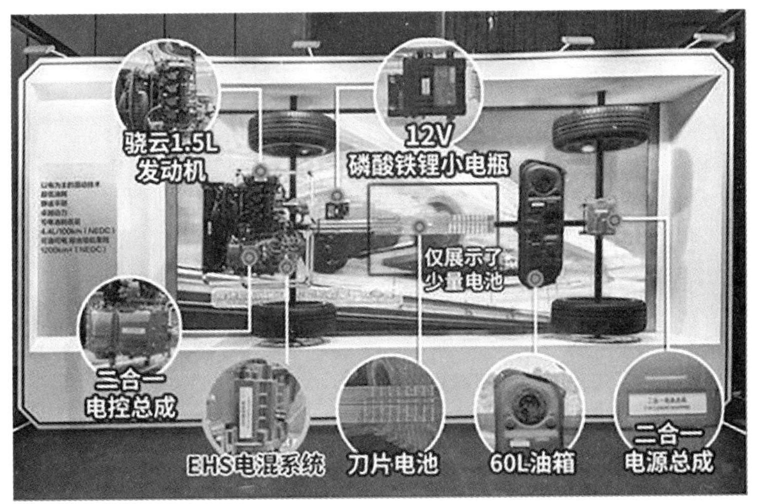

图 3-1 比亚迪 DM-i 混动系统拆解示意图

比亚迪 DM-i 混动系统的最大优势并非复杂的结构，而是自主研发了发动机控制系统、电机控制系统和电池管理系统等核心控制系统（如图 3-1 所示），其中包括但不限于：

骁云发动机：1.5 L 和 1.5 TI 两款插混专用发动机；

EHS 系统：继承第一代 DM 混动系统设计理念的混动专用变速器；

刀片电池：高放电倍率、可灵活搭配的混动专用功率型刀片电池。

1. 骁云发动机：只为高效而生

目前骁云系列的发动机主要有两款，分别是主打经济性的 1.5 L 插混专用发动机（后简称为 1.5 L 发动机）和兼顾高性能、配置在 C 级 DM-i 车型上的 1.5 TI 插混专用发动机（后简称为 1.5 TI 发动机）。

1.5 TI 发动机拥有 12.5 的压缩比，技术亮点在于其涡轮增压器采用了可变截面的设计，使得增压器能在更宽的转速范围内进行增压，即可保证在低转速工况下的增压效果，也不影响高转速工况下的排气压力。

而 1.5 L 发动机可以说是集比亚迪在混动发动机领域之大成，真正做到了为电而生，其整体结构相较于传统的发动机做了大幅度的调整，最终做到了 43.04%的热效率。深究其技术原理，我们可以看到：

阿特金森循环：通过可变气门正时技术延后进气门的关闭时间，减少四冲程压缩行程的能量消耗，在膨胀行程保持不变，使得混合气体做功更充分，提高混合气体能量的利用率，减少排气损失。这项技术我们在很多混合动力发动机上都可以看到，而且大部分主机厂都会称这种循环为阿特金森循环。

15.5 超高压缩比：通常情况下，我们认为压缩比越大，发动机做功就越多（即压缩比越大，发动机的效率就越高）。而 1.5 L 发动机被设计为 15.5∶1 超高压缩比，也体现了其效率第一的目标。当然，就压缩比这一参数，目前比亚迪的骁云发动机在行业内绝对是翘楚。

2. EHS 系统

混动专用变速器，比亚迪称之为 EHS 系统，也可以理解为 E-CVT，如图 3-2 所示。

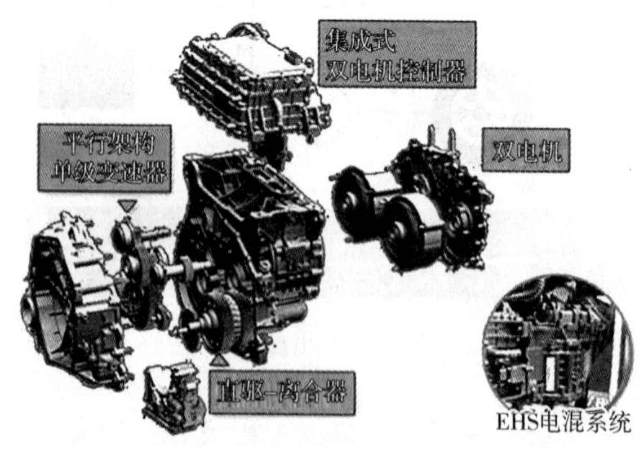

图 3-2　EHS 系统

比亚迪 DM-i 混动系统将两个能达到 16000 转的高速电机为并列放置，从而将整个混

动专用变速器的体积减小了约 30%，同时减轻了约 30%左右的重量。

发动机直连发电机（P1 电机或 ISG 电机），通过离合器与减速齿轮相连，最后走向输出轴。而驱动电机（P3 电机）直接通过减速齿轮，最终功率同样流向输出轴，效率更高，更省油。

3. 刀片电池

刀片电池主要有以下几方面的特点：

（1）单节电池电压达到 20 V：每节电池内串联了若干节（推测为 6 节）软包卷绕式电芯，使得单节电压达到 20 V 以上，确保电池在低电量时，仍能有足够的电压保证电机的驱动效率。

（2）电池组可灵活搭配：单个电池组由 10 片至 20 片刀片电池组成，换言之，电量将在 8.3～21.5 kW·h 之间，即理论纯电续航可设定在 50～120 km 之间。故此，比亚迪可以在不同级别的车型上搭配不同容量电池组。

（3）结构简化，空间利用率高：这其实是比亚迪刀片电池的共同特点，比如电池采用纵向排列，这样就可以将电芯采样线、电线、数据线等置于一侧，从而降低结构复杂度，同时提升了电池组的单位能量密度。

二、比亚迪秦 PLUS DM-i 的控制策略

1. 纯电模式

在起步与低速行驶时，驱动电机由电池供能驱动车辆，如图 3-3 所示。

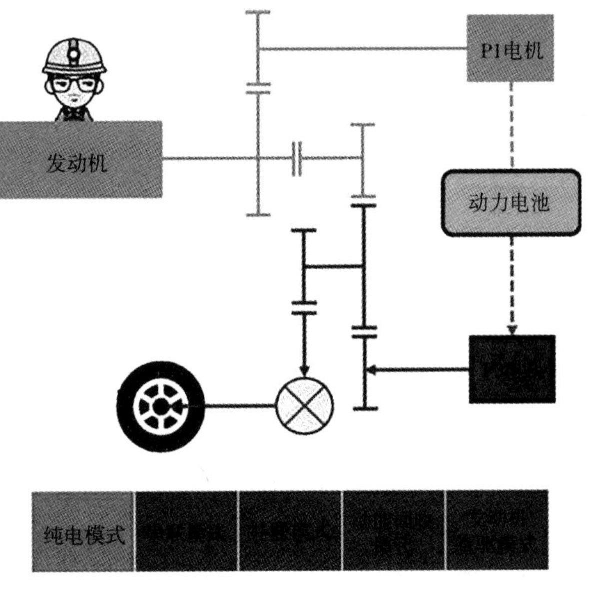

图 3-3　纯电模式

2. 串联模式

发动机带动发电机发电，通过电控将电能输出给驱动电机，直接用于驱动车轮。在中低速行驶或者加速时，若 SOC 值较高，则整车控制策略会将驱动切换为纯电模式，发动机停机；若 SOC 值较低，则控制策略会使发动机工作在油耗最佳效率区，同时将富余能量通

过发电机转化为电能，暂存到电池中，实现全工况使用不易亏电，如图 3-4 所示。

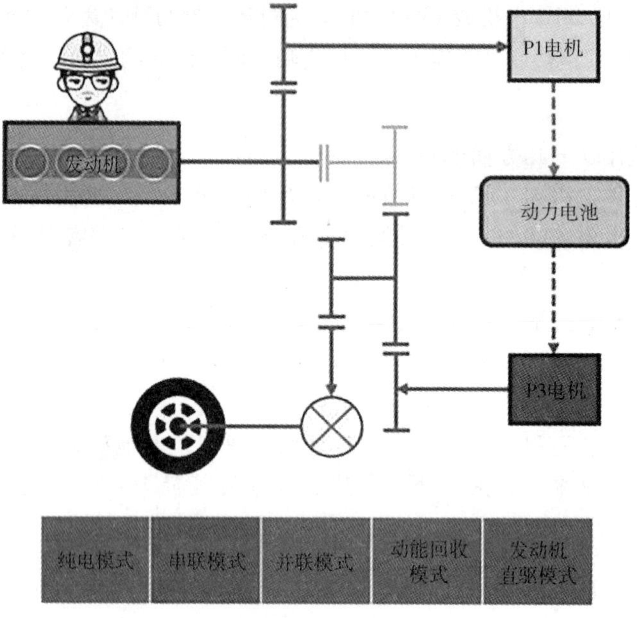

图 3-4　串联模式

3. 并联模式

当整车行车功率需求比较高时（比如，高速超车或者超高速行驶），发动机会脱离经济功率，此时控制系统会让电池在合适的时间介入，提供电能给驱动电机，与发动机形成并联模式，如图 3-5 所示。

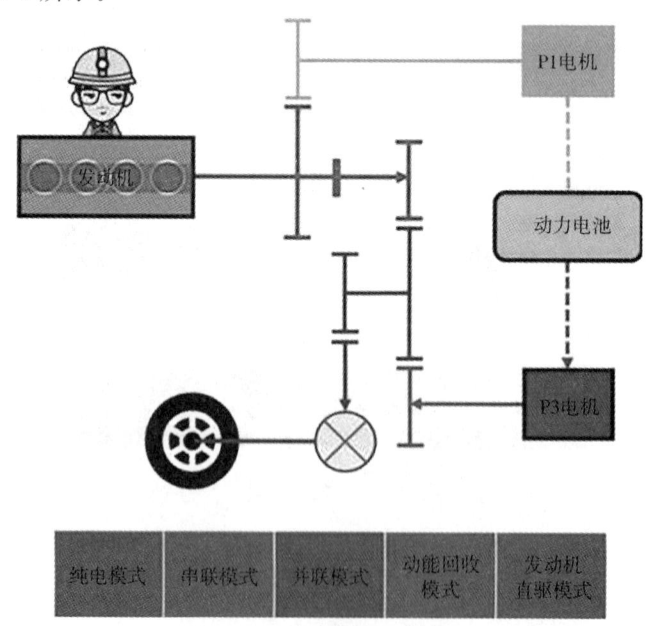

图 3-5　并联模式

4. 动能回收模式

当刹车时，动能通过驱动电机进行回收，如图 3-6 所示。

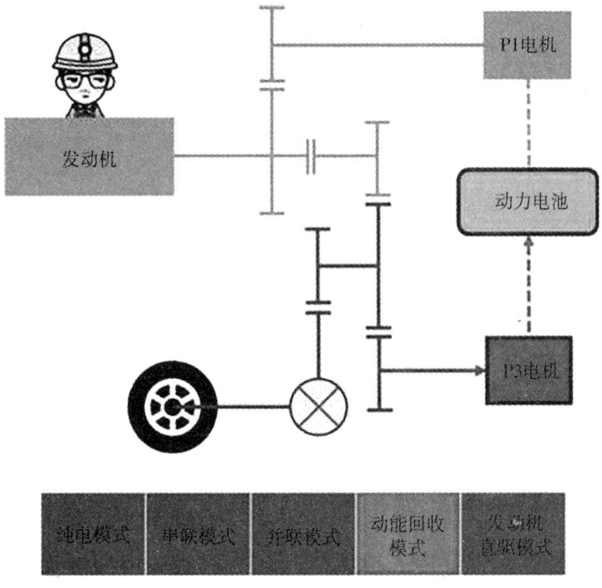

图 3-6 动能回收模式

5. 发动机直驱模式

在高速巡航的时候，通过 EHS 系统内部的离合器模块将发动机动力直接作用于车轮，将发动机锁定在高效率区。同时，为了避免发动机能量的浪费，发电机和驱动电机随时待命，在发动机功率有富余时，及时介入将能量转化为电能，存储在电池中，提高整个模式内能量利用率，如图 3-7 所示。

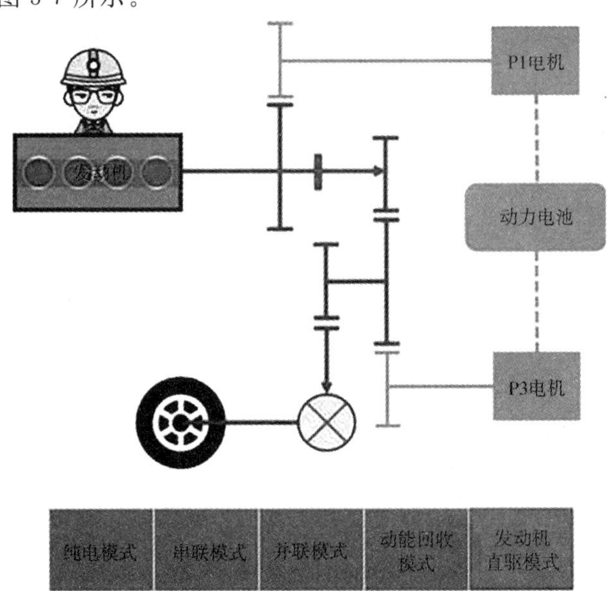

图 3-7 发动机直驱模式

任务三　比亚迪秦 PLUS 故障分析

学习目标

1. 能够正确认识比亚迪秦的部件；
2. 能够根据故障现象排除故障。

知识准备

一、比亚迪秦 PLUS DM-i 车型高压系统整体结构

比亚迪秦 PLUS DM-i 高压系统组成主要包括：双电机（前驱动电机＋发电电机＋变速器总成维修包）、双电控（发电机控制器＋驱动电机控制器）、高压配电盒、动力电池包、PTC、电动压缩机、车载电源总成、直流充电配电盒、充电口、高压电缆等，如图 3-8 所示。

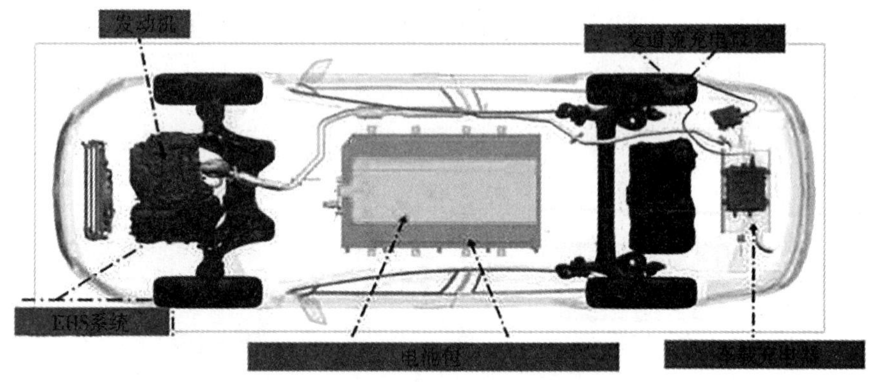

图 3-8　秦 PLUS DM-i 高压电器布局图

二、秦 PLUS DM-i 车型高压系统工作原理

比亚迪秦 PLUS DM-i 配置无直流充电功能，动力电池包输出的高压电经过前电控，通过高压配电盒分配给压缩机、PTC 及 OBC/DC。正极接触器、预充接触器、负极接触器、高压监控模块（集成漏电传感器、电流霍尔传感器、接触器烧结检测等）及 BMC（动力电池管理器）集成在动力电池包内部（与宋 PLUS DM-i 55 km 版相同）。

三、秦 PLUS DM-i 动力无法启动案例分析

1. 故障现象

一辆 2018 款比亚迪秦 PRO-DM 混动车，搭载 BYD 476ZQA 型发动机，行驶里程为 1200 km。车主反映，该车无法使用 BSG 电机启动发动机，只能用普通启动电机启动车辆。

2. 故障分析

造成此种现象的原因可能是：

（1）电动机本身故障；

（2）高压导线故障；

（3）电池管理系统故障；

（4）电机控制器故障；

（5）高压配电盒及整车控制器对高压系统的控制系统。

3. 故障诊断

（1）连接专用的诊断仪，读取到 4 个故障码，分别为：P180396-BSG 缺 A 相（当前故障）；P180496-GSG 缺 B 相（当前故障）；P180596-BSG 缺 C 相（当前故障）；P180F19-硬件过流（历史故障）。其中前 3 个故障码无法删除，如图 3-9 所示。

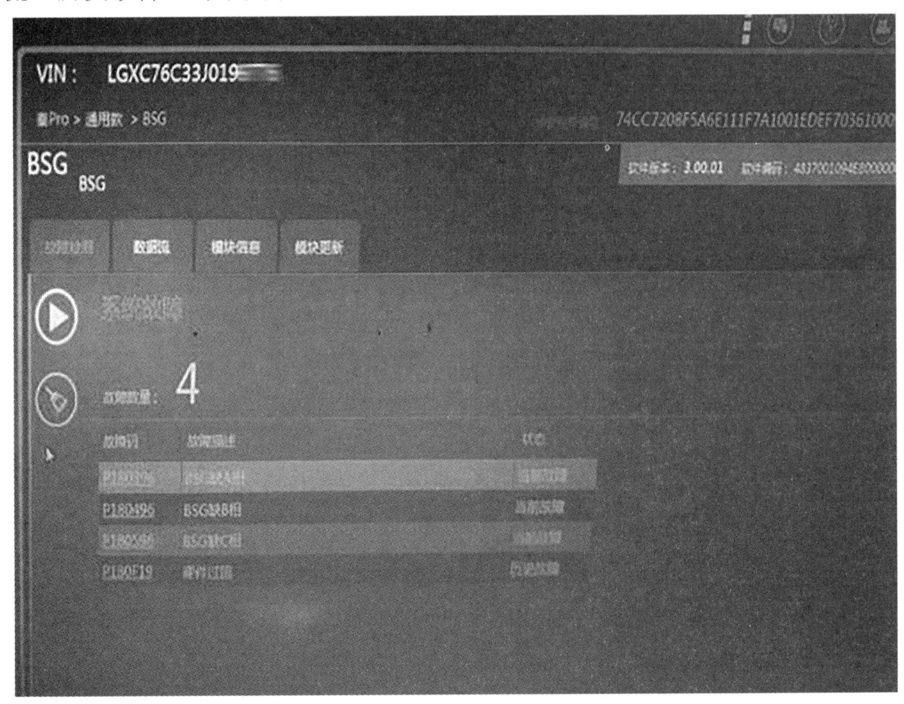

图 3-9　比亚迪秦的故障码

通过故障码可以看出，BSG 电机存在缺相故障，将故障点初步锁定在 BSG 电机、BSG 控制器及相关的控制线路。

BSG 控制器是控制 BSG 电机的装置，由输入输出接口电路、驱动电机控制电路和驱

动电路组成，主要功能是控制 BSG 电机来给整车发电或启动发动机，同时包括 CAN 通信、故障处理、在线 CAN 烧写、与其他模块配合完成整车的工作要求以及自检等。装配 BSG 电机的好处是：发动机启动响应速度快，既可作为启动电机启动发动机，又能作为发电机为蓄电池进行充电（高压电），如图 3-10 所示。

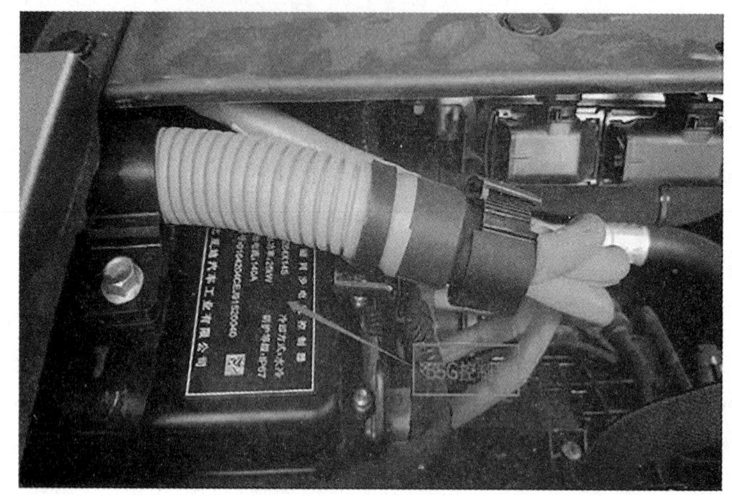

图 3-10　故障车 BSG 控制器的安装位置

4. 根据 BSG 电机系统工作原理，并结合故障现象、故障信息，进行下述检测

（1）检查低压系统的相关插接器的供电、搭铁及网络电压等，未发现异常。

（2）使用诊断仪 VDS1000 扫描全车模块，各系统软件均为最新版本，无须更新。

（3）读取 BSG 电机数据流（如图 3-11 所示）发现，BSG 电机的 A、B、C 各相电流均为 0，说明 BSG 电机没有工作，BSG 母线电压为 0，说明没有电压输出。

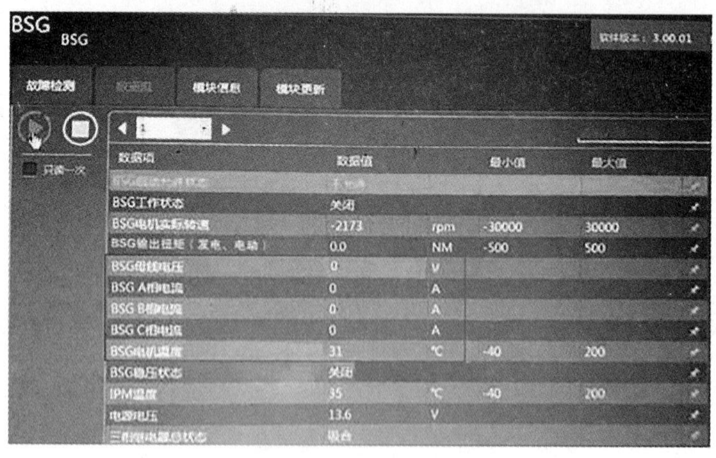

图 3-11　故障车 BSG 电机数据流

（4）戴上绝缘手套，断开高压母线，测量高压系统电压为 433 V，说明高压电池包输出电压正常；

（5）查阅有关维修资料发现，BSG 电机在高压系统中有一个熔丝，测量位于前驱动电

机控制器与DC总成里面的BSG电机熔丝之间的电阻，阻值为0（如图3-12所示），说明熔丝正常，没有烧蚀。

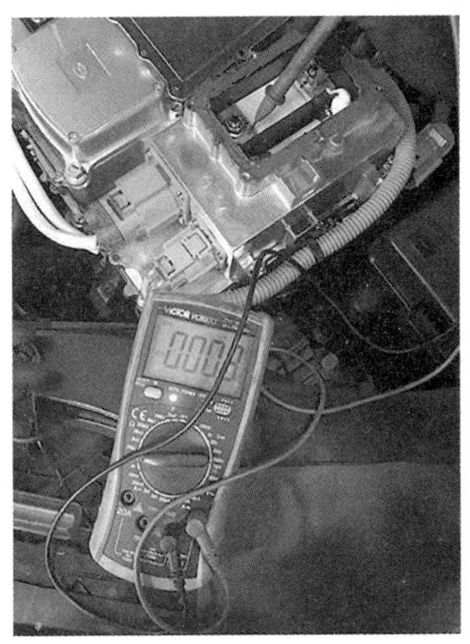

图3-12 测量故障车BSG电机熔丝的电阻

（6）查阅BSG电机控制系统电路图，测量BSG电机的正弦、余弦、励磁电阻，均正常，测量BSG控制器的供电、搭铁及网线电压、电阻均正常。

（7）进一步检查发现，BSG电机控制器外部螺丝有拆装过的痕迹，拆开BSG电机控制器三相母线进行测量时发现，其中一根高压母线的固定螺丝没有拧紧，有跳电烧蚀的痕迹，如图3-13所示。

图3-13 BSG控制器三相母线的烧蚀痕迹

更换BSG控制器后试车，该车恢复正常，故障被彻底排除。

任务实施

任务工单一　比亚迪 DM-i 混合动力车辆基本检查

一、车辆基本信息记录

品牌		整车型号		生产日期	
发动机型号		发动机排量		行驶里程	
驱动电机型号		驱动电机类型		额定功率	
动力电池型号		动力电池编码		额定容量	
车辆识别码					

二、安全护具、拆装工具、考试场地检查

安全护具	个人护具（安全帽、绝缘手套、绝缘鞋、护目镜）	工具、设备	维修工具 128 件套装、专用绝缘工具组
	车辆护具（5 件套）		高压绝缘工具及防护组套
警示标志	禁止类和警告类标识牌	场地检测	绝缘安全性检查

三、车辆基本检查

检查项目	检查结果	结果判定
冷却液	太低　太高　无	正常　异常
蓄电池电压	太低　太高　无	正常　异常
仪表信息	点亮　不亮　点亮后熄灭	正常　异常
诊断仪通信	可通信　不通信	正常　异常

四、整车控制单元互锁线路导通性及信号针脚波形检测

<table>
<tr><td>电子元件名称</td><td>模块互锁
电路编号</td><td>控制模块互锁
线路是否导通</td><td>测试条件</td><td>波形类型</td></tr>
<tr><td>整车控制单元 VCU</td><td></td><td></td><td></td><td></td></tr>
<tr><td>检测通道</td><td></td><td colspan="3">波形绘制</td></tr>
<tr><td>检测工况</td><td>ON　怠速/上电</td><td colspan="3" rowspan="6"></td></tr>
<tr><td>每格电压</td><td></td></tr>
<tr><td>最大信号电压值</td><td></td></tr>
<tr><td>周期</td><td></td></tr>
<tr><td>波形判断</td><td>正常　异常</td></tr>
</table>

五、评价

通过对混合动力汽车基本检查的学习，结合所学知识和实训内容，填写自我评价、小组评价及教师评价表。

<table>
<tr><td rowspan="3"></td><td colspan="3">自我评价</td><td colspan="3">小组评价</td><td colspan="3">教师评价</td></tr>
<tr><td>10—9</td><td>8—6</td><td>5—1</td><td>10—9</td><td>8—6</td><td>5—1</td><td>10—9</td><td>8—6</td><td>5—1</td></tr>
<tr><td colspan="3">占总评 10%</td><td colspan="3">占总评 40%</td><td colspan="3">占总评 50%</td></tr>
<tr><td>总评</td><td colspan="9"></td></tr>
</table>

任务工单二　混合动力汽车故障诊断与排除

一、车辆基本信息记录

<table>
<tr><td>品牌</td><td></td><td>整车型号</td><td></td><td>生产日期</td><td></td></tr>
<tr><td>发动机型号</td><td></td><td>发动机排量</td><td></td><td>行驶里程</td><td></td></tr>
<tr><td>驱动电机型号</td><td></td><td>驱动电机类型</td><td></td><td>额定功率</td><td></td></tr>
<tr><td>动力电池型号</td><td></td><td>动力电池编码</td><td></td><td>额定容量</td><td></td></tr>
<tr><td>车辆识别码</td><td colspan="5"></td></tr>
</table>

二、安全护具、拆装工具、考试场地检查

安全护具	个人护具（安全帽、绝缘手套、绝缘鞋、护目镜）	工具、设备	维修工具 128 件套装、专用绝缘工具组
	车辆护具（5 件套）		高压绝缘工具及防护组套
警示标志	禁止类和警告类标识牌	场地检测	绝缘安全性检查

三、故障现象

四、读取故障码

检查项目	检查情况				检查结果
故障码	历史故障码		现存故障码		异常　正常

五、查找维修手册，摘抄电路图并分析工作原理

电路图	
工作原理	

六、故障的原因分析

七、故障排除，根据故障分析进行检查，记录异常项

检查项目	检查情况	维修措施
		更换　调整　紧固　无
		更换　调整　紧固　无
		更换　调整　紧固　无
		更换　调整　紧固　无
		更换　调整　紧固　无

故障点确认：____。

八、评价

通过对混合动力汽车故障诊断与排除的学习，结合所学知识和实训内容，填写自我评价、小组评价及教师评价表。

	自我评价			小组评价			教师评价		
	10—9	8—6	5—1	10—9	8—6	5—1	10—9	8—6	5—1
	占总评 10%			占总评 40%			占总评 50%		
总评									

项目四　发动机管理系统诊断

任务一　发动机管理系统概述

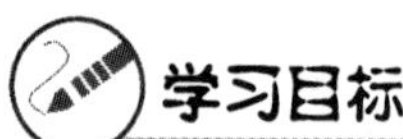

1. 能够描述发动机管理系统的基本原理、组成、结构、功能；
2. 能够列举发动机管理系统的输入、输出信号；
3. 能够简单介绍系统故障诊断功能。

知识准备

一、基本原理

利用安装在发动机不同部位的传感器测得发动机的各种工作参数传递给电控单元，电控单元按照由发动机电控单元中设定的控制程序，精确地控制喷油量、点火提前角，使发动机在各种工况下都能以最佳状态工作，即最佳的动力输出、最经济的油耗、最佳的尾气排放。

二、基本组成

发动机管理系统通常主要由传感器、控制器（ECU）、执行器三个部分组成，对发动机工作时的吸入空气量、喷油量和点火提前角进行控制。基本结构如图 4-1 所示。

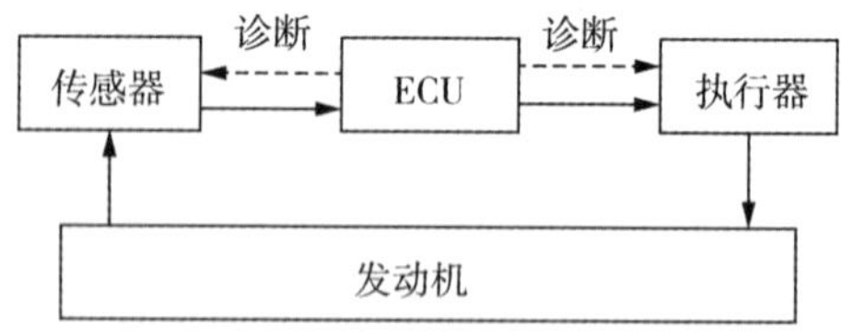

图 4-1　发动机电控系统的组成

在发动机电控系统中，传感器作为输入部分，用于测量各种物理信号（温度、压力等），并将其转化为相应的电信号。

ECU 的作用是接收传感器的输入信号，并按设定的程序进行计算处理，产生相应的控制信号输出到功率驱动电路，功率驱动电路通过驱动各个执行器执行不同的动作，使发动机按照既定的控制策略进行运转。

同时，ECU 的故障诊断系统对系统中各部件或控制功能进行监控，一旦探测到故障并确认后，则存储故障代码，调用“跛行回家”功能，当探测到故障被消除时，则正常值恢复使用。

三、基本结构

以 TB10 发动机电子控制管理系统为例，其特点为缸内直喷、废气涡轮增压控制，同时采用基于扭矩的控制策略。扭矩为主控制策略的主要目的是把大量不相同的控制目标联系在一起，实现动力完美分配与应用，使整车获得优异的驾驶性能和高能效。TB10 发动机电控系统结构如图 4-2 所示。

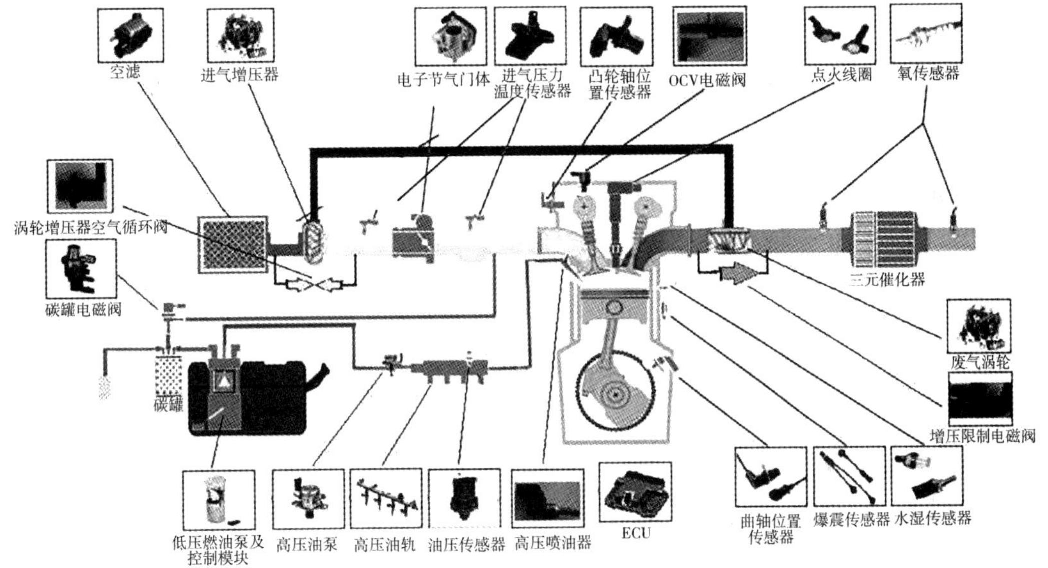

图 4-2　TB10 发动机电控系统结构图

TB10 发动机电控系统的基本组件有：

—电子控制单元（ECU）
—OCV 电磁阀
—进气压力/温度传感器
—冷却液温度传感器
—高压油泵
—凸轮轴位置传感器
—曲轴位置传感器
—氧传感器
—涡轮增压器空气循环阀
—电子节气门体
—高压喷油器
—低压燃油泵及控制模块
—油压传感器
—高压油轨
—爆震传感器
—碳罐电磁阀
—点火线圈
—增压限制电磁阀

TB10 发动机管理系统是一个电子控制的汽油缸内直喷系统，它提供许多有关操作者和车辆或设备方面的控制特性，系统采用开环和闭环（反馈）控制相结合的方式，对发动机的运行提供各种控制信号。

四、系统输入、输出信号

TB10 系统中 ECU 的主要传感器输入信号包括：进气压力信号（增压前后）、进气温度信号（增压前后）、电子节气门转角信号、冷却液温度信号、发动机转速信号、凸轮轴相位信号、高压油轨油压信号、爆震信号、发电机反馈信号、油门踏板位置信号、离合器开关信号、氧传感器信号、车速信号、空调压力信号、制动助力器压力信号等。

以上信息进入 ECU 后经处理产生所需的执行器控制信号，这些信号在输出驱动电路中被放大，并传输到各对应执行器中，这些控制信号包括：电子节气门开度、高压喷油器的喷油正时和喷油持续时间、高压油泵控制信号、低压油泵控制信号、碳罐控制阀开度、点火线圈闭合角和点火提前角、空调允许信号、无级风扇控制信号、电子水泵继电器、增压限制电磁阀、涡轮增压器空气循环阀、燃油压力调节阀、OCV 电磁阀、制动真空泵继电器（仅适用于 TID 车型）。

五、系统故障诊断功能介绍

车载诊断系统（简称 OBD 系统）是指集成在发动机控制系统中，能够监测影响废气排放的故障零部件以及发动机主要功能状态的诊断系统。它具有识别、存储并且通过自诊断故障指示灯（MIL）显示故障信息的功能。

为保证车辆使用过程中排放控制性能的耐久性，我国在《轻型汽车污染物排放限制及测量方法（中国第六阶段）》中明确要求，所有汽车必须装备车载诊断（OBD）系统，该系统能确保在汽车整个寿命期内识别出零件劣化或零件故障。在维修带有 OBD 系统的车辆时，维修人员可以通过诊断仪迅速而准确地定位发生故障的部件，大大提高维修的效率和质量。

任务二　系统零部件结构、原理及故障分析

学习目标

1. 能够描述发动机管理系统主要零部件的结构、原理；
2. 能够分析发动机管理系统零部件故障。

知识准备

一、进气压力温度传感器

在 TB10 系统中，共采用两个进气压力温度传感器，分别是进气总管压力温度传感器

及进气歧管压力温度传感器。

传感器简图和与电气原理图如图 4-3、4-4、4-5 所示。

图 4-3　进气压力温度传感器简图

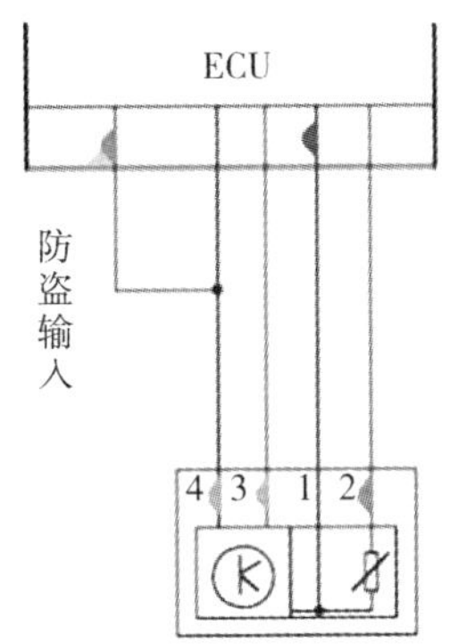

图 4-4　进气总管压力温度传感器电气原理图

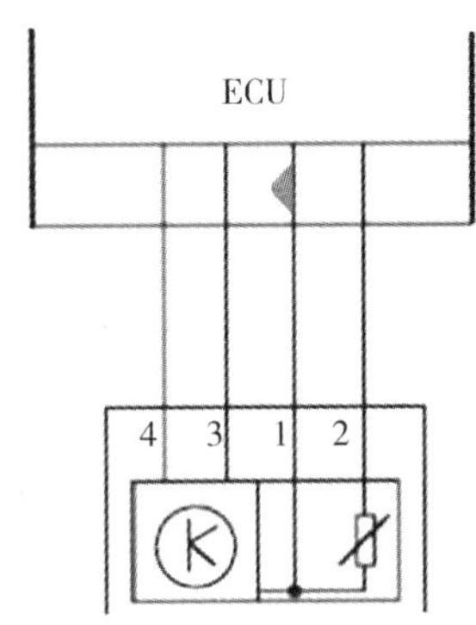

图 4-5　进气歧管压力温度传感器电气原理图

· 针脚定义：

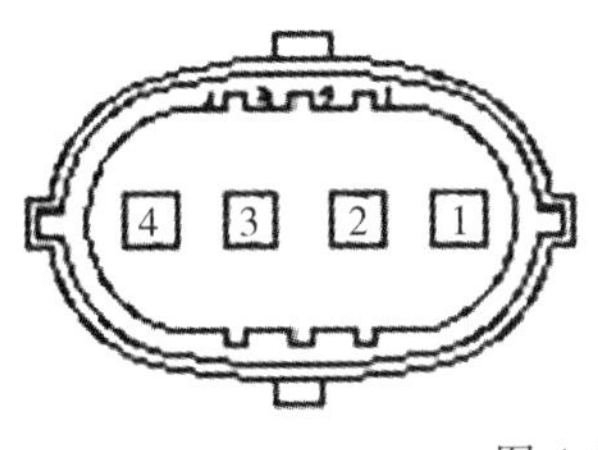

1—接地

2—输出温度信号

3—接 5 V

4—输出压力信号

图 4-6

1. 安装位置

进气总管压力温度传感器装在增压器后、电子节气门前的进气管路中。进气歧管压力温度传感器装在中冷器后的进气管中。

2. 工作原理

进气压力温度传感器是由绝对压力传感元件及温度传感元件组成的，其剖面图如图 4-7 所示。绝对压力传感元件由一片硅芯片组成。在硅芯片上蚀刻出一片压力膜片。压力膜片上有四块压电电阻，这四块压电电阻作为应变元件组成一个惠斯顿电桥。硅芯片上除了这个压力膜片以外，还集成了信号处理电路。硅芯片跟一个金属壳体组成一个封闭的参考空间，参考空间内的气体绝对压力接近于零，这样就形成了一个微电子机械系统。硅芯片的活性面上经受着一个接近于零的压力，它的背面经受着通过一根接管引入的、待测的进气绝对压力。硅芯片的厚度只有几个微米（μm），所以进气绝对压力的改变会使硅芯片发生机械变形，四块压点电阻跟着变形，其电阻值改变。通过硅芯片的信号处理电路后，形成与压力呈线性关系的电压信号。进气温度传感元件是一个负温度系数（NTC）的电阻，电阻随进气温度变化，此传感器输送给控制器一个表示进气温度变化的电压。

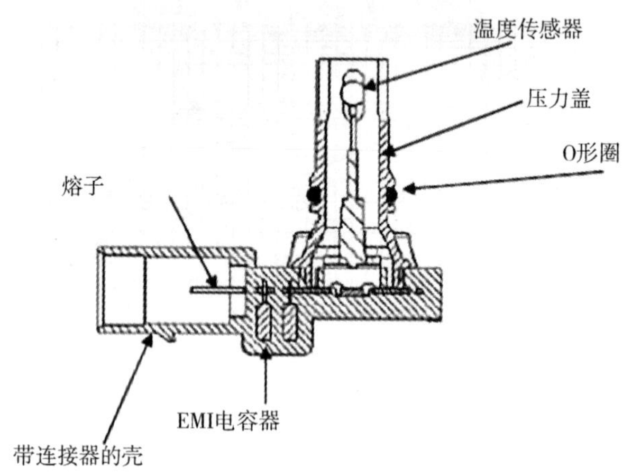

图 4-7　进气压力温度传感器剖面图

3. 技术特性参数

（1）极限数据，如表 4-1 所示。

表 4-1　进气压力温度传感器的极限参数

参数	数值	单位
电源电压	16	V
压力	500	kPa
工作温度	−40/+130	℃

（2）压力传感器特性数据，如表 4-2 所示。

表 4-2　进气压力温度传感器的特性数据

参数	数值			单位
	最小值	典型值	最大值	
压力测试范围	10		250	kPa
工作温度	−40		130	℃
电源电压	4.75	5.0	5.25	V
在 U_S=5.0 V 时的供电电流			12.5	mA

(3) 温度传感器的极限数据：

储存温度：－40/＋130 ℃。

(4) 温度传感器的特性数据：

运行温度：－40/＋130 ℃。

20 ℃额定电阻：2.5 kQ±5%。

(5) 温度传感器特性曲线，如图 4-8 所示。

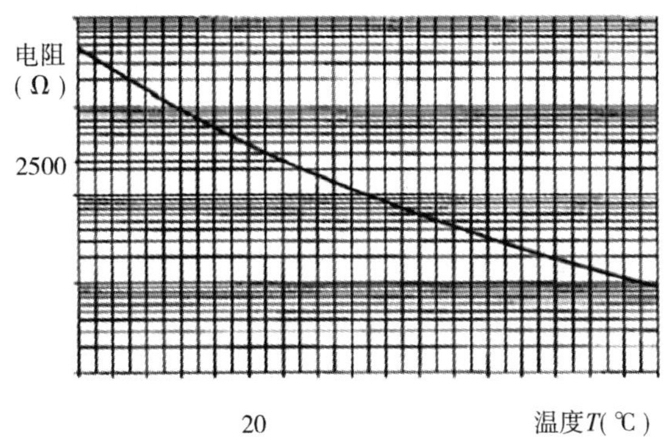

图 4-8　温度传感器特性曲线 $R=f(T)$

4. 安装注意事项

本传感器必须安装在汽车发动机进气管路的平面上。压力接管和温度传感器一起伸入进气管中，通过 O 形圈与大气隔绝。

必须通过正确的方式安装（如通过从进气歧管上提取压力、压力接管往下倾斜等方式安装），以确保在压力敏感元件内不会积聚冷凝水。

进气歧管上的钻孔和固定必须按照供货图纸进行设计，以确保接口处底座长期防漏以及抵抗介质的侵蚀。

背压可能导致测量误差，因此，必须避免将传感器直接安装在节气门后面。

接头触点连接的可靠性除了主要受零部件接头的影响以外，还跟线束上与其对接插头的材料质量和尺寸精度有关。因此必须使用供货图纸上规定的符合厂家提供的产品技术规范的对接插头。

固定孔内固定螺钉的最大直径：6 mm。

使用最小直径为 10 mm 或直径等于螺钉头直径的垫片。

固定螺钉允许的最大安装紧固力为 4.5 kN。

维修注意事项：维修过程中禁止用高压气体向真空元件冲击；发现故障更换传感器的时候，注意检查发电机输出电压和电流是否正常。

5. 简易测量方法

(1) 温度传感器部分：（卸下接头）把数字万用表打到欧姆挡，两表笔分别接传感器 1＃、2＃针脚，20 ℃时额定电阻为 2.5 kΩ±5%，其他对应的电阻数值可由上图特征曲线测量出来。测量时也可用模拟的方法，具体为用电吹风向传感器送风（注意不可靠得太近），观察传感器电阻的变化，此时电阻应下降。

(2) 压力传感器部分：(接上接头) 把数字万用表打到直流电压挡，黑表笔接地，红表笔分别与3#、4#针脚连接。怠速状态下，3#针脚应有5 V的参考电压，4#针脚电压为1.3 V左右 (具体数值与车型有关)；空载状态下，慢慢打开节气门，4#针脚的电压变化不大；快速打开节气门，4#针脚的电压可瞬间达到4 V左右 (具体数值与车型有关)，然后下降到1.5 V左右 (具体数值与车型有关)。

6. 故障现象及判断方法

故障现象：熄火、怠速不良等。

一般故障原因：

(1) 使用过程有不正常高压或反向大电流。

(2) 维修过程使真空元件受损。

二、冷却液温度传感器

在TB10系统中，分别在发动机出水口及散热器出水口安装一个冷却液温度传感器，两传感器型号相同。

· 传感器简图和电气原理图如图4-9、4-10、4-11所示。

图4-9 冷却液温度传感器简图

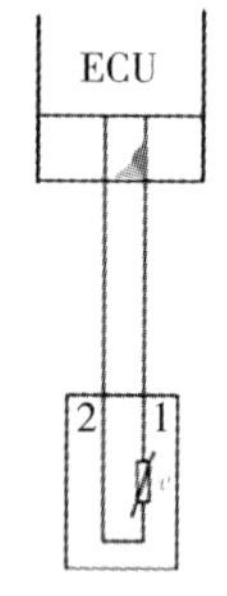

图4-10 发动机冷却液温度传感器电气原理图

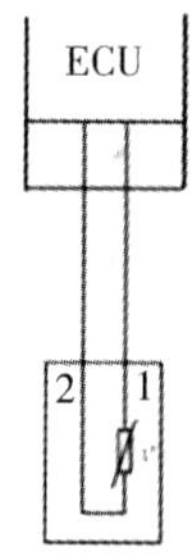

图4-11 散热器出口冷却液温度传感器电气原理图

· 针脚定义：

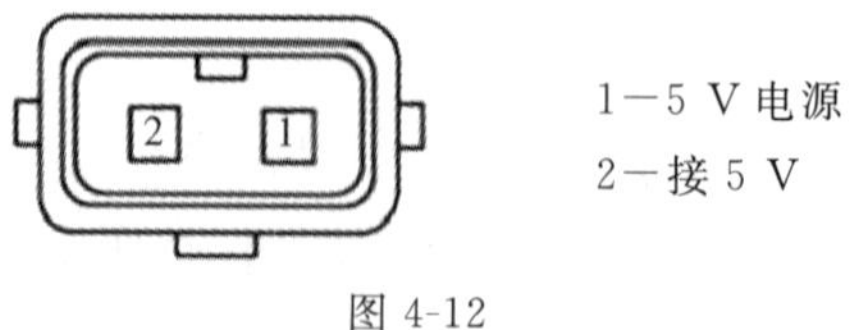

1—5 V电源

2—接5 V

图4-12

1. 安装位置

发动机冷却液温度传感器安装在发动机冷却液出口，散热器出口冷却液温度传感器安装在散热器出水口。

2. 工作原理

冷却液温度传感器实质是一个负温度系数（NTC）的热敏电阻，其电阻值随着冷却液温度上升而减小，两者呈非线性关系。

3. 传感器特性曲线

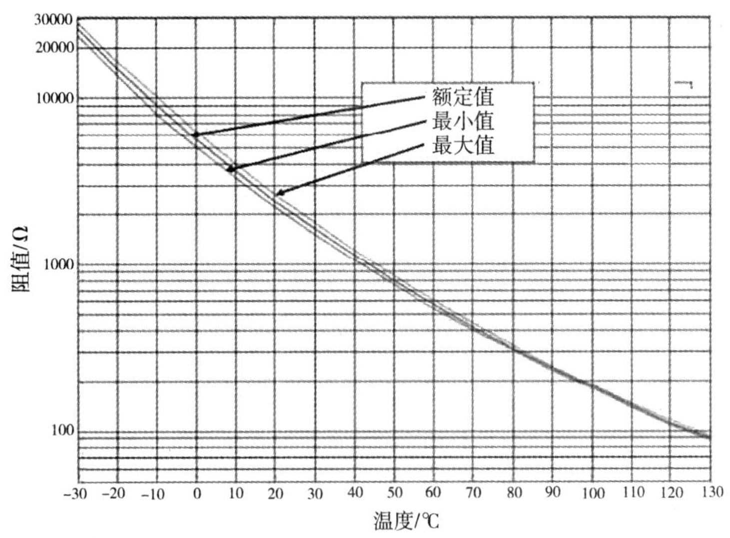

图 4-13　冷却液温度传感器特性曲线图

4. 性能参数

(1) 功率：两端允许功率为 0.075 瓦（25 ℃）。

(2) 工作温度：－40 ℃～＋130 ℃。

5. 安装注意事项

(1) 在传感器的安装点应选择在冷却水流速较高、能正确反映水温处，并确保液面超过图 4-14 所示底面至少 10 毫米，使传感器以较短的响应时间探测到准确的冷却水温度。

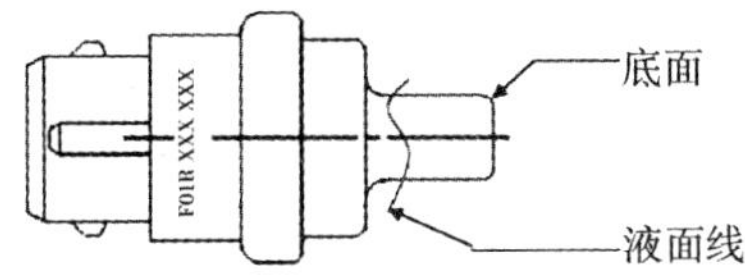

图 4-14　液面位置示意图

(2) 将传感器塞入安装孔并用专用的卡扣固定住。传感器塑料与铜外壳之间的最大允许扭矩为 2 N·m，因此安装时不允许用力扭传感器塑料部分。

(3) 在以 5 V 电压作为电源的回路中，传感器两端应与一个 $R \geqslant 1$ kΩ 的上拉电阻相连，以避免热敏电阻的自热对测量结果产生影响。没有上拉电阻或阻值太小，都会造成测量误差，甚至会对传感器造成损坏。

6. 故障现象及判断方法

（1）故障现象：启动困难等。

（2）一般故障原因：人为故障。

（3）简易测量方法：（卸下接头）把数字万用表打到欧姆挡，两表笔分别接传感器1＃、2＃针脚，25 ℃时额定电阻为 1.825～2.155 kΩ，其他可由图 4-13 特征曲线测量出来。测量时也可用模拟的方法，具体为把传感器工作区域放进开水里（注意浸泡的时间要充分），观察传感器电阻的变化，此时电阻应降到 300 Ω～400 Ω 以下（具体数值视开水的温度）。

三、氧传感器

本系统所使用的上游氧传感器与下游氧传感器都采用相同型号的氧传感器。

· 氧传感器简图如图 4-15 所示。

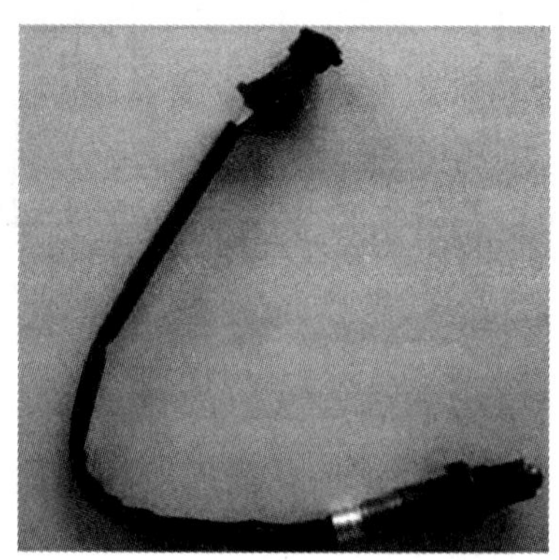

图 4-15　氧传感器简图

· 氧传感器电气原理图如图 4-16 所示。

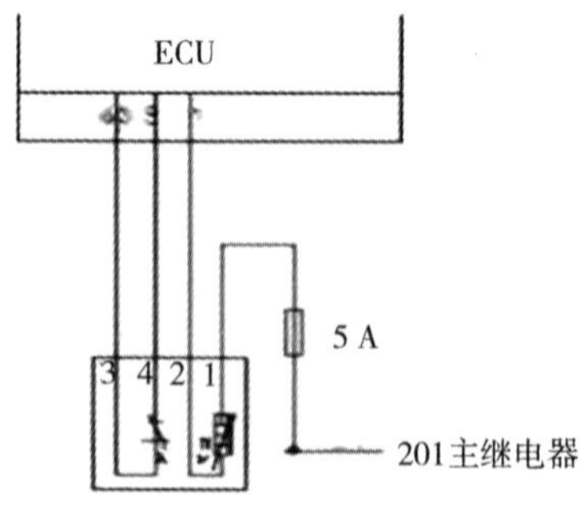

图 4-16　氧传感器电气原理图

· 针脚定义：

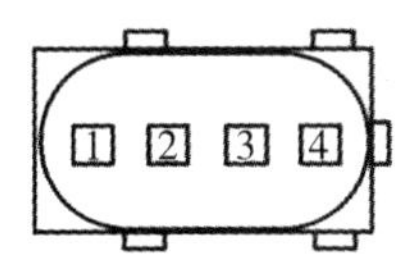

1—加热电源
2—ECU 加热信号
3—氧传感器地
4—氧传感器信号

图 4-17

1. 安装位置

上游氧传感器安装在排气管三元催化器前端。
下游氧传感器安装在排气管三元催化器后端。

2. 工作原理

本系统所使用的氧传感器 LSF 是平面型氧传感器，是从 LSH（指氧传感器）发展而来的。LSF 采用丝网印刷技术把各个功能层（内外电极、加热元件等）叠在一起，成为片状。氧传感器核心元件是 ZrO_2 电解质，在高温时能使氧气发生电离，产生氧离子。其结构如图 4-18 所示。陶瓷管一侧通排气歧管的废气，一侧通大气，由于两侧氧浓度相差悬殊，因此当发生电离时，在管壁内、外侧之间产生电势差，即信号电压。

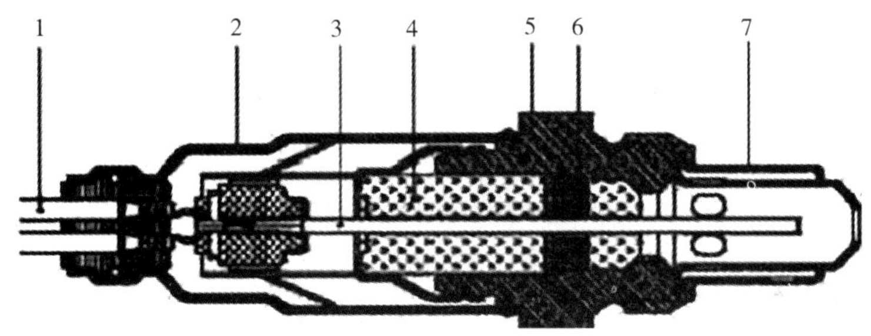

1—导线　2—保护套　3—平面传感元　4—导线　5—传感器座　6—密封圈　7—双层保护管

图 4-18　氧传感器结构图

若混合气体偏浓，则陶瓷管内外氧离子浓度差较高，电势差偏高，大量的氧离子从内侧移到外侧，输出电压较高（接近 800 mV～1000 mV）。

若混合气偏稀，则陶瓷管内外氧离子浓度差较低，电势差较低，仅有少量的氧离子从内侧移动到外侧，输出电压较低（接近 100 mV）。信号电压在理论当量空燃比（$\lambda=1$）附近发生突变，见图 4-19。

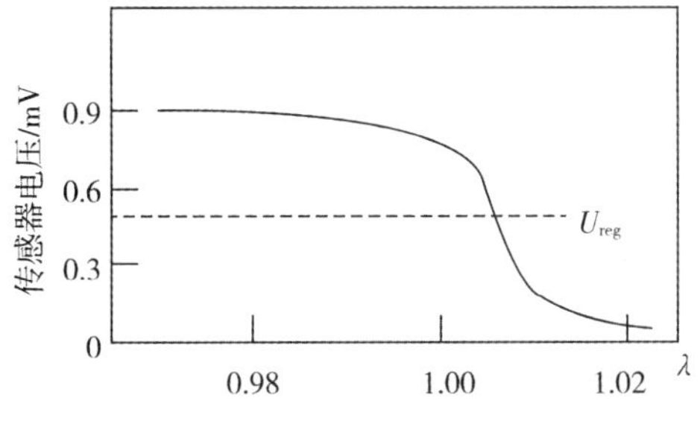

$\lambda<1$：混合气浓（氧不足）
$\lambda>1$：混合气稀（氧过量）

图 4-19　600 ℃时氧传感器电压特性曲线

3. 与 ECU 的通信，如表 4-3 所示

表 4-3　进气压力温度传感器与 ECU 的通信数据

参数	条件	最小	最大	单位
输入电压	工作电压	0	1	V
参考电压	开路	420	480	mV

4. 技术特性参数

(1) 传感器电气数据。

表 4-4　进气压力温度传感器的电气数据

特性	测量值	数值	单位
额定电阻	室温下，对于新的传感器，包括电缆线和接插件的额定加热器冷态电阻值	9	Ω
加热器供电	额定电压	12	V
	连续工作电压	12 至 14	V
	系统最大供电电压	16.5	V

(2) 使用条件。

表 4-5　进气压力温度传感器的使用条件

测量值		数值		单位
		最小	最大	
储存温度		−40	100	℃
工作温度	排气温度	150（推荐）	930	℃
	壳体六角头		570	℃
	电缆及保护套	℃	250	℃
	连接插头		120	℃
许可的燃油添加剂		无铅汽油或含铅量较低的汽油		
机油消耗和机油燃烧		指导值：≤0.7 L/1000 km		

(3) 对于含铅汽油传感器的使用寿命。

表 4-6　含铅汽油传感器的电气数据

汽油含铅量（g/L）	寿命（km）
≤0.6	20000
≤0.4	30000
≤0.15	60000

5. 安装注意事项

（1）安装点的选择标准。

在保证传感器允许的工作温度的前提下，传感器的安装点选择应按如下原则：尽可能靠近发动机；尽量使排气管往下倾斜，这样在安装点的上游就不会有冷凝水的积聚，在安装点前方的排气管应没有凹坑、凸起和锐边；不要将安装点选在排气管的下侧，这是最先被弄湿的地方；独立的引导管通常被认为是最理想的安装点，如有怀疑，可进行管道加热上升特性的对比测试来证实这一事实。

对于确实不能按照规定要求的安装点，系统匹配工程师将进行更多的关于陶瓷热冲击的测试并采用适当的保护措施。

（2）推荐的安装方案及要求。

氧传感器应当安装成跟水平面的夹角大于或等于 10 ℃（电子接插件朝上），这样能防止冷凝水在传感器外壳与传感器陶瓷之间的积聚，如图 4-20 所示。

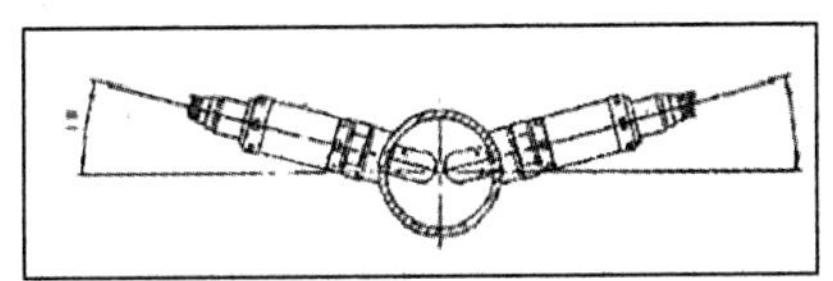

图 4-20　氧传感器的安装方案

排气管的螺纹推荐材料是耐高温不锈钢。注意必须完全覆盖传感器螺纹。

传感器的保护管应尽量伸入废气之中，但保护管的连接卷边部分不要正对着热废气。确保传感器保护管不能接触到排气管的对面，尤其当安装在排气歧管和双管连接处时，要注意选择对高温变形最小的材料。

氧传感器的拧紧力矩为 40 至 50 N · m，并使用规定的安装脂。采用其他安装脂将会导致氧传感器中毒。

大批量生产时须保证排气管系统的设计满足安装的几何精度及气密要求。

拆卸所需工具：扳手 M22。拆卸后应对安装位置表面进行清洁，确保没有油污。

6. 故障现象及判断方法

（1）故障现象：怠速不良、加速不良、尾气超标、油耗过大等。

（2）一般故障原因：

①潮湿水汽进入传感器内部，温度骤变，探针破裂。

②氧传感器“中毒”。（Pb、S、Br、Si）

（3）失效判定：

①诊断仪检查。

发动机故障指示灯亮，表示在发动机系统中存在故障，应用诊断仪进行诊断。

用整车厂指定的诊断仪与电喷系统 ECU 进行通信，读取 ECU 中的故障数据，从而可以对氧传感器的失效做出判断。

②简易电气性能检查方法。

拆下插头时，将数字万用表打到欧姆挡，两表笔分别接传感器加热（+）与加热（−）两端针脚，常温下其阻值为 9 Ω。

插上插头时，怠速状态下，待氧传感器达到其工作温度 350 ℃时，把数字万用表打到直流电压挡，两表笔分别接传感器接地信号和信号正极针脚，此时电压应在 0.1～0.9 V 之间快速波动。

将氧传感器贴近耳朵轻轻摇动，如有异响说明内部的陶瓷探针可能破裂。

四、曲轴位置传感器

曲轴位置传感器是与一个附属的密封圈集成在一起的，如图 4-21 所示。曲轴位置传感器、密封圈与信号轮之间的装配关系见图 4-22。

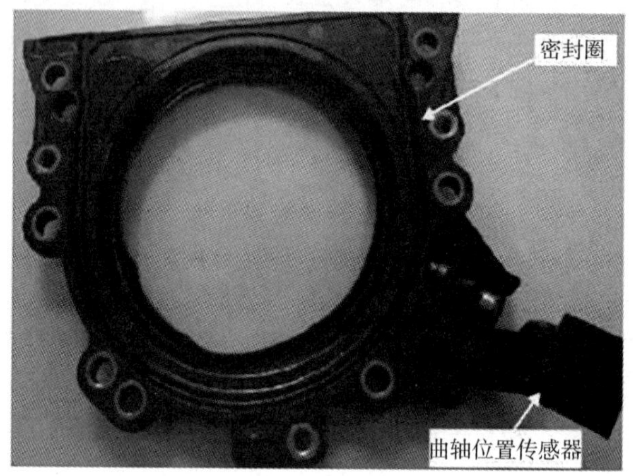

图 4-21　曲轴位置传感器及其密封圈简图

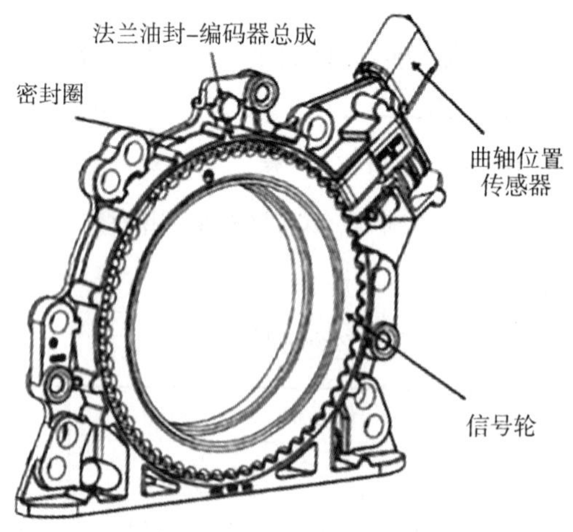

图 4-22　曲轴位置传感器、密封圈与信号轮

· 曲轴位置传感器的电气原理图如图 4-23 所示。

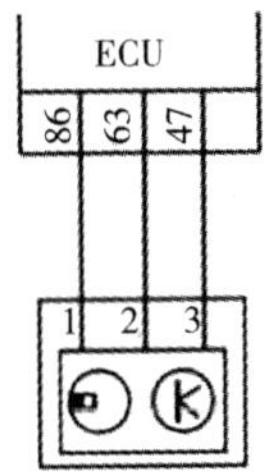

图 4-23　曲轴位置传感器电气原理图

· 针脚定义：

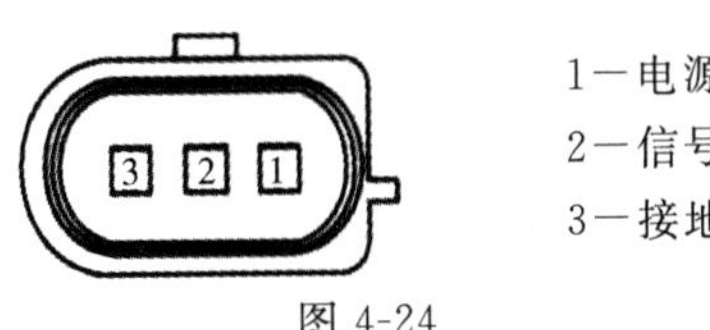

图 4-24

1. 安装位置

曲轴后端盖信号轮平面上。

2. 工作原理

曲轴位置传感器是霍尔效应式传感器。信号轮装在曲轴上，随曲轴旋转。信号轮上共有 60 个齿，其中两个是缺齿。当信号轮上的各齿依次经过霍尔传感器时，霍尔传感器内部磁场发生变化，从而使输出的信号电压产生变化。ECU 根据各齿位脉冲信号，结合缺齿信号，就可以识别各缸上止点，计算曲轴转角，还可以得到发动机的转速。

3. 传感器外部电路图，如图 4-25 所示

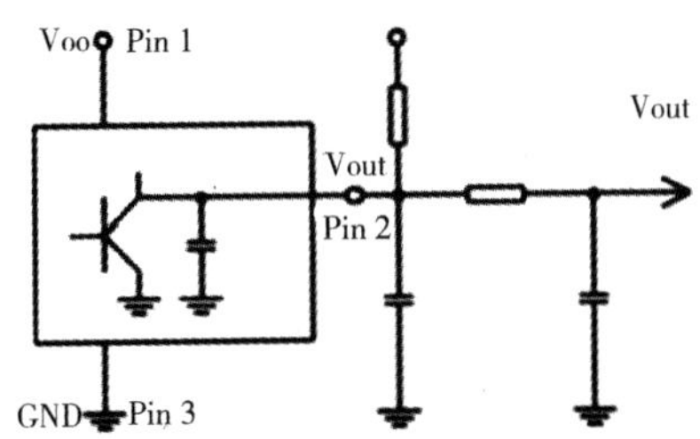

图 4-25　曲轴位置传感器外部电路图

4. 传感器电气性能参数，如表 4-7 所示

表 4-7　曲轴位置传感器的电气性能

参量	最小值	典型值	最大值	单位
供电电压	4.2	5	17	V
输出电压（高）	4.2	5		V
转速	30		8000	rpm

5. 传感器极限温度

100 h 极限温度：160 ℃。

温度范围：−40 ℃～150 ℃。

6. 曲轴齿位脉冲信号图

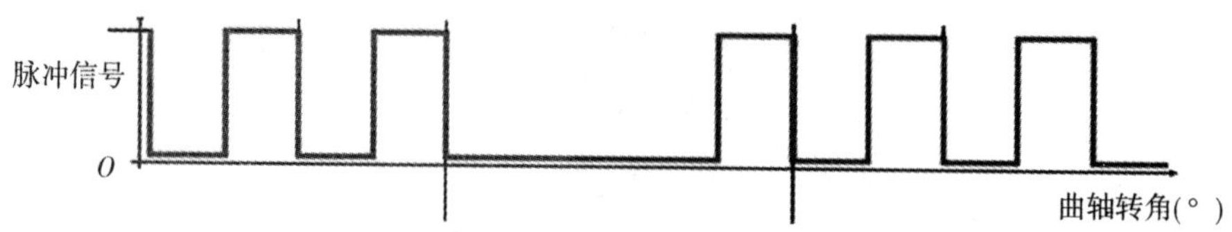

图 4-26　曲轴齿位脉冲信号图

7. 故障现象及判断方法

故障现象：发动机不能启动等。

一般故障原因：人为故障。

简易测量方法：（接上接头）打开点火开关但不启动发动机，把数字万用表打到直流电压挡，两表笔分别接传感器 3＃、1＃针脚，确保有 5 V 的参考电压。启动发动机，此时 2＃针脚信号可由车用示波器检查是否正常。

五、相位传感器

· 相位传感器简图与电气原理图如图 4-27、4-28 所示。

图 4-27　相位传感器简图

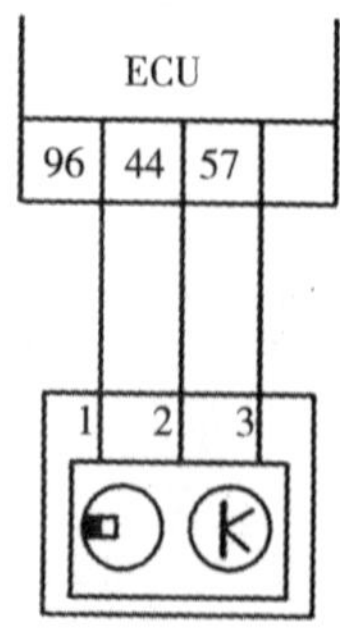

图 4-28　相位传感器电气原理图

· 针脚定义：

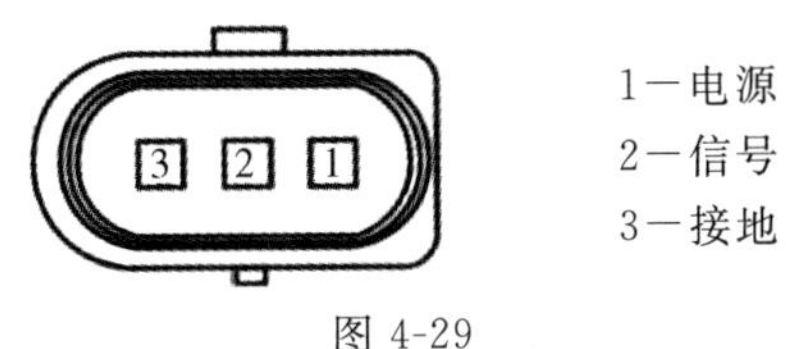

图 4-29

1. 安装位置

凸轮轴端。

2. 工作原理

相位传感器也是霍尔效应式传感器。信号轮装在凸轮轴上，随凸轮轴旋转。信号轮上有四个齿，其中两个小齿、两个大齿，如图 4-30 所示。当信号轮上各齿依次经过霍尔传感器时，霍尔传感器内部磁场发生变化，从而使输出的信号电压产生变化。

相位传感器信号结合曲轴位置传感器信号，即可得到 1 缸压缩上止点位置。另外，相位传感器信号也用于可变气门正时（VVT）的反馈调节，使进气相位控制更精确。

图 4-30 相位传感器信号轮

3. 相位传感器电路图及电气性能参数，如图 4-31、表 4-8 所示

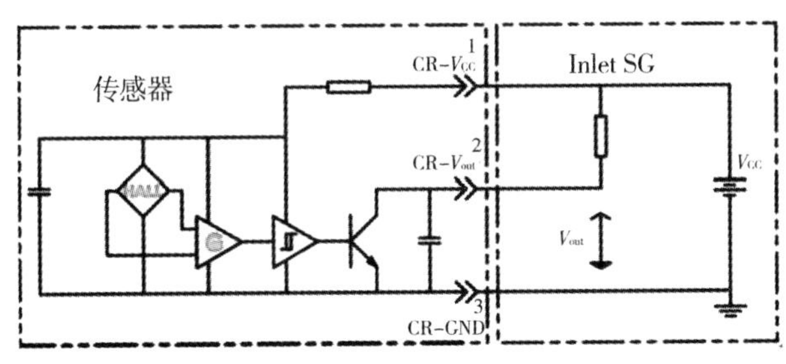

图 4-31 相位传感器电路图

表 4-8 相位传感器的电气性能参数

参量	符号	状态	最小值	典型值	最大值	单位
供电电压	V_{CC}		4.5	5	12	V
供电电流	I_{CC}	关	3		15	mA
输出电压	V_{out}	开			0.5	V

4. 信号图

OP（Operating Point）是指电信号的下降沿，RP（Release Point）是指电信号的上升沿，如图 4-32 所示。

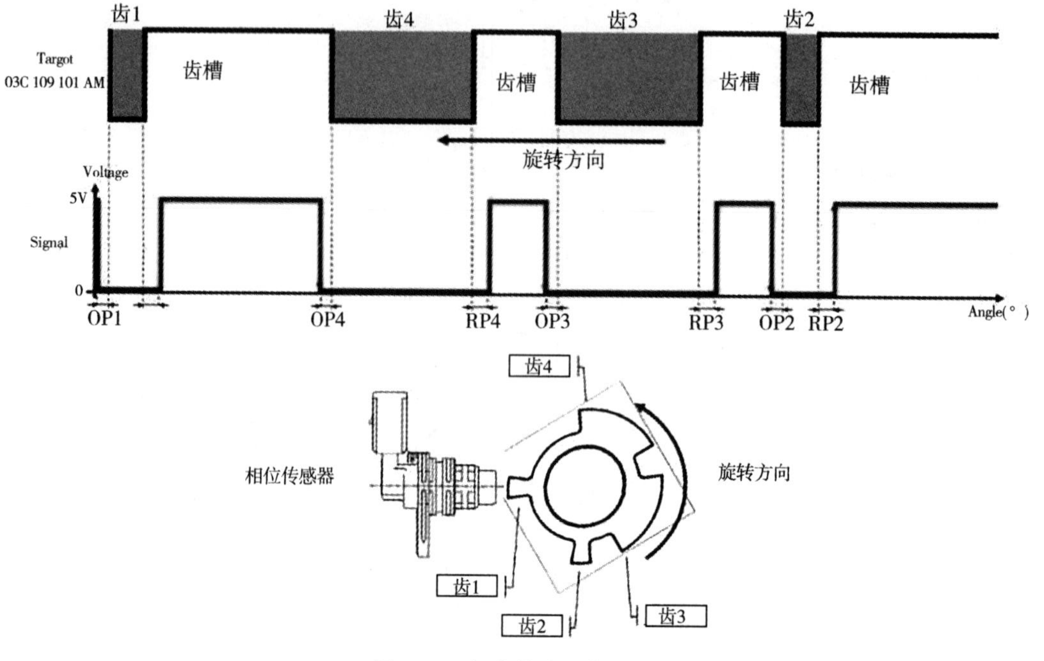

图 4-32　相位传感器信号图

5. 故障现象及判断方法

故障现象：排放超标、油耗增加、VVT 无法正常调节等。

一般故障原因：人为故障。

简易测量方法：（接上接头）打开点火开关但不启动发动机，把数字万用表打到直流电压挡，两表笔分别接传感器 3＃、1＃针脚，确保有 5 V 的参考电压。启动发动机，此时 2＃针脚信号可由车用示波器检查是否正常。

六、爆震传感器

· 爆震传感器简图与电气原理图，如图 4-33、4-34 所示。

图 4-33　爆震传感器简图

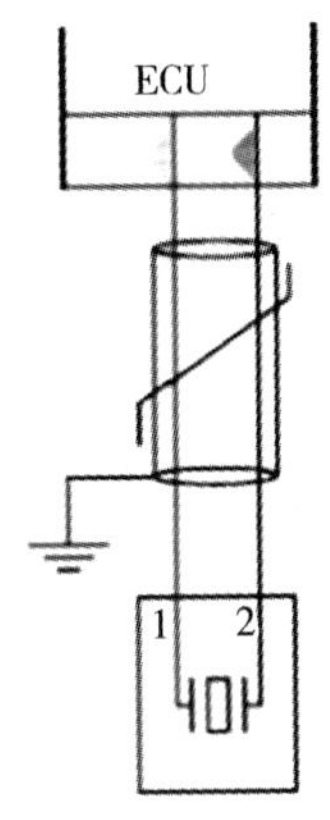

图 4-34　爆震传感器电气原理图

·针脚定义：

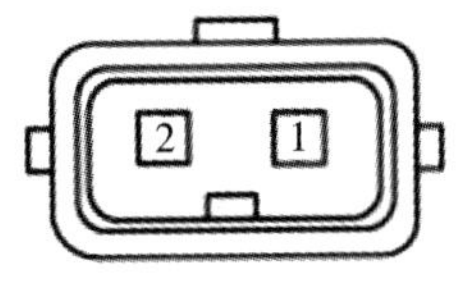

1—爆震传感器 A 端

2—爆震传感器 B 端

图 4-35

1. 安装位置

发动机 2、3 缸之间的机体上。

2. 工作原理

爆震传感器的工作原理是封装一个压电陶瓷（如图 4-34），压电陶瓷具有压电效应，当发动机负荷、转速、水温分别超过门槛值时，而且爆震传感器没有故障记录，发动机进入爆震闭环控制。当发动机产生爆震时，传感器产生与无爆震时相比幅值、频率都较大的输出电压，经过适当的滤波和放大后输出给 ECU。

ECU 对爆震信号进行累计，当在一定的曲轴转角内的积分值超过门槛值时，ECU 判定发动机处于爆震状态，将此刻点火提前角减小一个特定角度，如果下一循环再次出现爆震，则再将点火提前角减小一个特定的角度，直至发动机不再出现爆震为止，之后再逐步将点火提前角恢复到正常值。

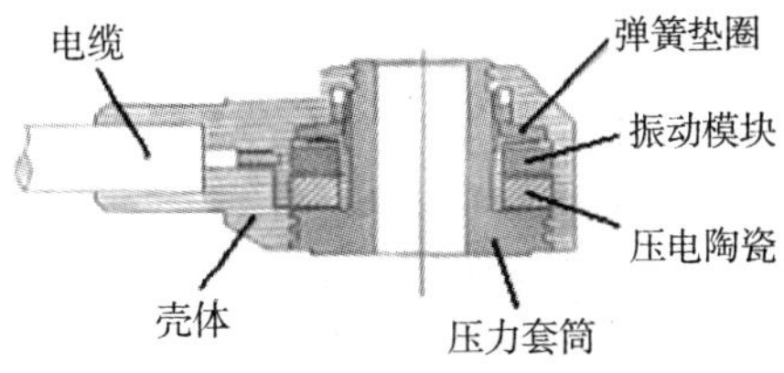

图 4-36　爆震传感器结构图

3. 技术特性参数

（1）特性曲线。

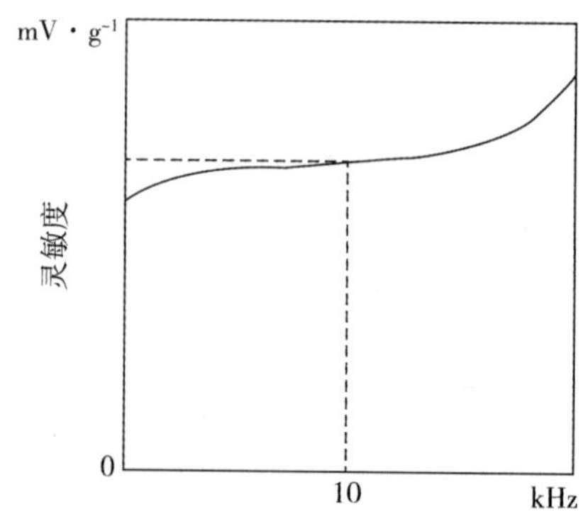

图 4-37　爆震传感器特性曲线图

（2）极限数据，如表 4-9 所示。

表 4-9　爆震传感器的极限数据

参量	数值			单位
	最小	典型	最大	
工作温度	－40		＋130	℃

4. 安装注意事项

选择在发动机上的安装点时，应符合对温度范围及振动量级的规定。

对安装平面及安装孔的加工必须确保一定的平面度、垂直度及表面光洁度，以保证传感器的输出信号满足使用要求。

安装点的选择应避免传感器长时间暴露在汽油、防冻液、油、制动液等液体中。

安装螺钉尺寸：M8。

安装拧紧力矩：20±5 N・m。

爆震传感器的安装位置首先应满足以下要求：

（1）通常爆震传感器应安装于汽缸盖衬垫下方（约 2/3 冲程处），即接近燃烧室处。在较少的情况下也可将爆震传感器安装于发动机汽缸壁的较低位置，接近发动机悬挂处，可以确保燃烧室的振动较好地传递给爆震传感器。

（2）考虑到线束的温度耐抗性，爆震传感器应安装于发动机的冷侧（对交叉流向型发动机应为进气侧，对 U 形流向发动机应为自由侧）。

（3）为了使爆震传感器到每个缸的距离相同，爆震传感器应对称安装。

5. 故障现象及判断方法

在发动机运转时，出现加速不良的情况。

在发动机运转时，发动机故障指示灯亮，表示在发动机系统中存在故障。

排除线束系统中线路短路或断开的故障。

简易判定方法：断开线束连接，把数字万用表打到欧姆挡，两表笔分别接传感器1、2号针脚，常温下电阻应大于1 MΩ。把数字万用表打到毫伏挡，用小锤在传感器附近缸体上轻敲，传感器应有电压信号输出。

七、高压燃油压力传感器

- 高压燃油压力传感器简图与电气原理图，如图4-38、4-39所示。

图4-38　高压燃油压力传感器简图

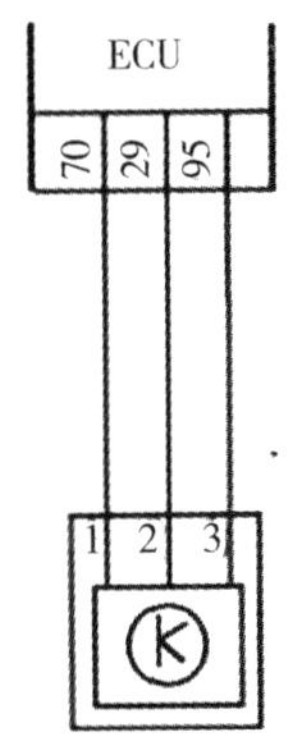

图4-39　高压燃油压力传感器电气原理图

- 针脚定义：

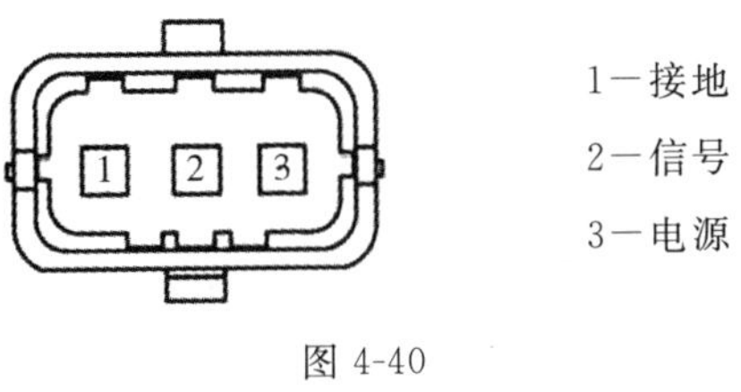

1—接地
2—信号
3—电源

图4-40

1．安装位置

油轨。

2. 工作原理

高压燃油压力传感器内部有一块钢制膜片，压力膜片上由应变测量元件组成一个惠斯顿电桥，当油轨内有油压时，膜片受压变形，该变形量由惠斯通电桥进行测量，所测得的变形信号与油压成正比。通过一个集成的信号处理电路对信号进行处理，向 ECU 输出油压信号。

3. 工作特性，如表 4-10 所示

表 4-10　爆震传感器的工作特性值

参量	符号	数值			单位
		最小值	典型值	最大值	
油压范围	p_n	0		14 20 26	MPa
温度范围	T	−40		130	℃
供电电压	U_S	4.75	5.00	5.25	V

4. 安装注意事项

最大许可拧紧力矩：35 N·m；

应根据所提供的配件图纸说明进行安装，确保没有水聚集在膜片上。

安装时，传感器外壳的旋转方向必须与油压测口旋转方向相同。

只能通过传感器上的六角头旋紧油压传感器，安装工具（如管钳子），只可用在六角头上。

八、油门踏板位置传感器

· 油门踏板位置传感器示意图与电气原理图，如图 4-41、4-42 所示。

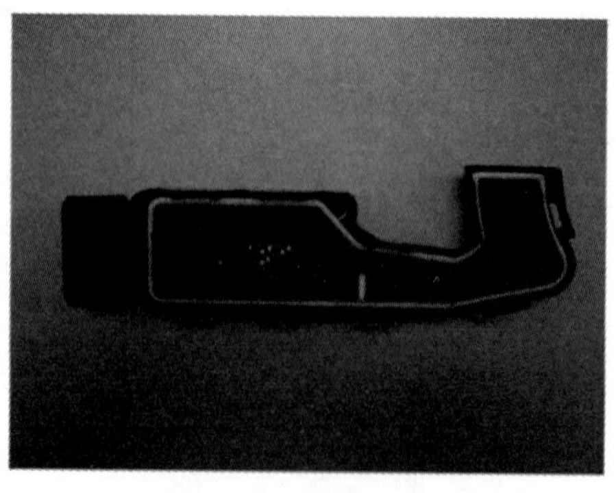

图 4-41　油门踏板位置传感器示意图

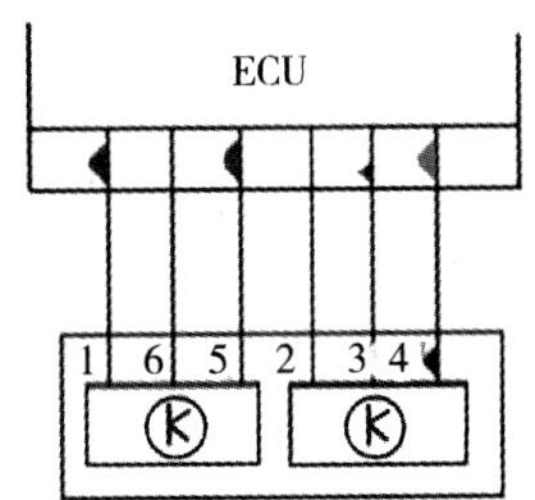

图 4-42　油门踏板位置传感器电气原理图

· 针脚定义

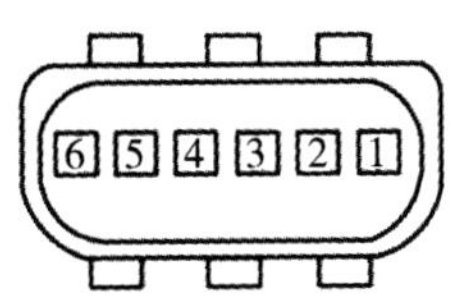

1—油门踏板位置传感器 2 电源
2—油门踏板位置传感器 1 电源
3—油门踏板位置传感器 1 信号
4—油门踏板位置传感器 1 接地
5—油门踏板位置传感器 2 接地
6—油门踏板位置传感器 2 信号

图 4-43

1. 安装位置

安装在油门踏板的轴承座上。

2. 工作原理

油门踏板位置传感器检测油门踏板的位置并将信号传递给 ECU。油门踏板位置传感器是一个无触点的双电位器传感器，其电位器电路图如图 4-44 所示，由 ECU 供给 5 V 电压，由于两个电位器是同相安装的，当电子加速踏板位置发生变化时，其电阻值同时线性增加或减小。两个加速踏板位置传感器向 ECU 发出两路反映加速踏板位置的电压信号，传感器 1 的电压信号是传感器 2 的电压信号的 2 倍。ECU 根据此信号，可对驾驶员期望的扭矩需求进行计算，经 ECU 内部统一协调后，控制电子节气门工作。

ECU 收到加速踏板位置传感器信号后管理怠速、加速、减速、中断喷射等功能。

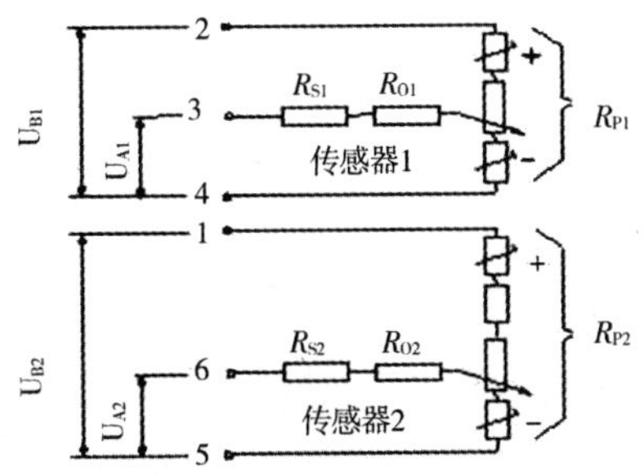

图 4-44　油门踏板位置传感器电位器电路图

3. 特性参数

供电电压：U_{Bi}=5 V±10%，i=1，2。

供电电流：I_{Bi}≤10 mA，i=1，2。

信号电流：I_{si}，max≤50 μA，i=1，2。

短路保护：U=16 V；t=60 min。

标称电阻：如表 4-11 所示。

表 4-11　爆震传感器的标称电阻

	传感器 1	传感器 2
传感器电阻	R_{nt}=1200 Ω±40%	R_p=1700 Ω±40%
接触电阻与降压电阻	1000 Ω±400 Ω≤R_S+R_{Hi}≤5000 Ω （在运行工况下 t>5 ms）	

传感器信号限值：如表 4-12 所示。

表 4-12　爆震传感器的信号限值

	传感器 1	传感器 2
最小电压 U_{Ai}/U_{Bi}×100%	16.5%	8.25%
最大电压 U_{Ai}/U_{Bi}×100%	<87.5%	<43.75%

4. 故障现象及判断方法

（1）故障现象：启动困难、怠速不稳、加速不良。

（2）检修方法：

①接通点火开关，慢慢地将加速踏板踩到底，在不拔下导线侧接插件的条件下，测量传感器针脚 3 和 4 之间的电压，同时测量传感器针脚 5 和 6 之间的电压，均应逐渐升高，且传感器 1 比传感器 2 的电压一直高出一倍，若达不到此要求，表示传感器有故障，应更换。

②检查供电情况。从油门踏板位置传感器上拔下导线侧接插件，接通点火开关，测量导线侧接插件针脚 2 和 3、2 和地、1 和 5、1 和地之间的电压，均应大于 4.5 V，否则表示电路或 ECU 有故障。

③检查线束情况。断开点火开关，从 ECU 上拔下导线侧接插件，测量油门踏板位置传感器导线侧连接器与 ECU 导线侧连接器相应的针脚，即 1 与 97、2 与 87、3 与 8、4 与 72、5 与 48、6 与 27 之间的电阻，均应不大于 1.5 Ω（导通）。

九、电子控制单元

• 电子控制单元 ECU 电气原理图和外形图如图 4-45、4-46 所示。

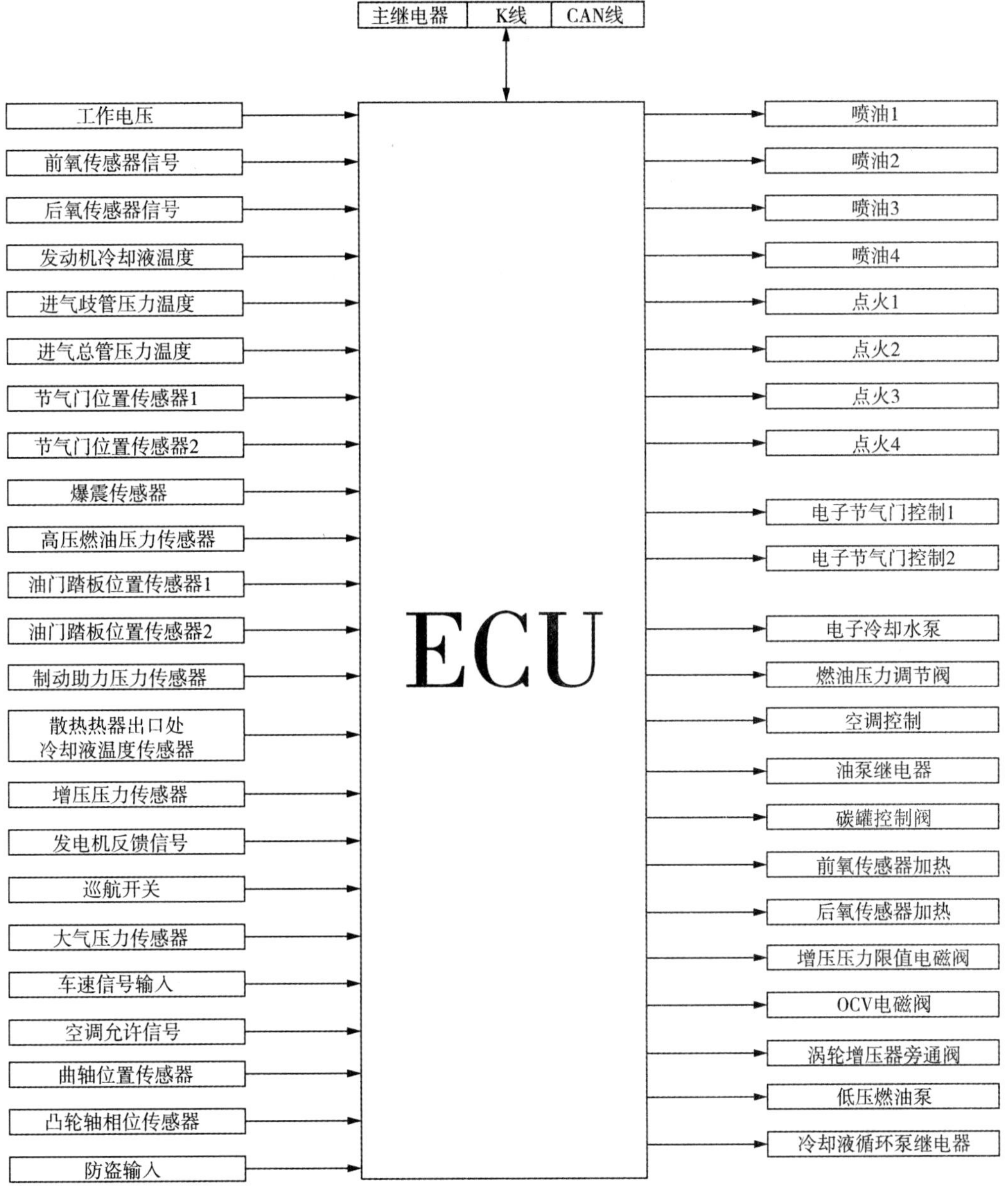

图 4-45　ECU 电气原理示意图

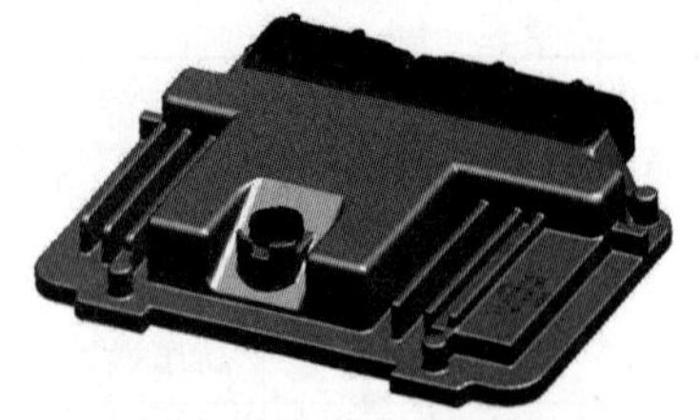

图 4-46　ECU 外形图

1. 安装位置

发动机舱。

2. 工作原理

(1) 功能。

①多点顺序缸内直接喷射；

②控制点火；

③怠速控制；

④提供传感器供电电源：5 V/100 mA；

⑤λ 闭环控制，带自适应；

⑥增压控制；

⑦进气凸轮相位调节控制；

⑧增压压力保护控制碳罐控制阀发动机故障指示灯；

⑨燃油定量修正；

⑩发动机转速信号的输出；

⑪车速信号的输入；

⑫故障自诊断；

⑬接受发动机负荷信号等。

(2) ECU 针脚定义，如表 4-13 所示。

表 4-13　电子控制单元 ECU 的针脚

针脚	连接点	类型	针脚	连接点	类型
1	燃油压力调节阀	输出	62	上游氧传感器加热信号	输入
2	功率地 1	地	63	发动机转速传感器	输入
3	非持续电源 1	输入	64	车速信号输入	输入
4	电子节气门电机控制－	输出	65	防盗输入	输入
5	电子节气门电机控制＋	输出	66	进气总管压力温度传感器地	地
6			67		
7			68	冷却液温度传感器地	地

续　表

针脚	连接点	类型	针脚	连接点	类型
8	油门踏板位置传感器信号 1	输入	69	散热器出口冷却液温度信号地	地
9	进气总管压力传感器信号	输入	70	高压燃油压力传感器地	地
10			71	节气门位置传感器信号地	地
11	进气歧管温度传感器	输入	72	油门踏板位置传感器 1 地	地
12	散热器出口冷却液温度传感器	输入	73		
13	上游氧传感器	输入	74	冷却液循环泵继电器	输出
14	节气门位置传感器 1	输入	75	下游氧传感器加热信号	输入
15			76	发动机转速输出	输出
16			77		
17			78	碳罐阀	输出
18	制动开关 2	输入	79	无级风扇控制	输出
19	电子负载 2（后风挡加热开关）	输入	80		
20			81	OCV 电磁阀	输出
21	涡轮增压器空气循环阀	输出	82		
22	增压压力限压电磁阀	输出	83		
23			84		
24			85		
25			86	曲轴传感器电源	输入
26			87	油门踏板位置传感器 1 电源	输入
27	油门踏板位置传感器信号 2	输入	88	电子节气门传感器电源＋5 V	输入
28	进气歧管压力传感器	输入	89	进气歧管压力温度传感器电源	输入
29	高压燃油压力传感器	输入	90		
30			91		
31	发动机冷却液温度传感器	输入	92		
32	进气总管气体温度传感器	输入	93		
33	下游氧传感器	输入	94	进气总管歧管压力温度传感器电源	输入
34			95	传感器电源 1	输入

续 表

针脚	连接点	类型	针脚	连接点	类型
35		输入	96	传感器电源 2	输入
36	制动开关 1	输入	97	油门踏板位置传感器 2 电源	输入
37	助力转向开关	输入	98	点火信号 3	输入
38	发动机反馈信号	输入	99	点火信号 1	输入
39			100	功率地 2	
40			101	CAN 总线接口 CAN－L	输入 输出
41	车速输出	输出	102	主继电器	输出
42			103	功率地 3	地
43	油泵继电器	输出	104	功率地 4	地
44	凸轮轴相位传感器	输入	105	LIN 线	
45	爆震传感器 B 端	输入	106	点火信号 4	输入
46	爆震传感器 A 端	输入	107	点火信号 2	输入
47	曲轴传感器地	地	108	功率地 5	地
48	油门踏板位置传感器 2 地	地	109	CAN 总线接口 CAN－H	输入 输出
49			110		
50			111		
51	电子地 1	地	112	点火开关	输入
52	节气门位置传感器 2	输入	113	持续电源	输入
53	进气歧管压力传感器信号地	地	114	喷油器 4（第 4 缸）	输出
54	空调请求信号	输入	115	喷油高边 1	输出
55	上游氧传感器地	地	116	喷油高边 2	输出
56	下游氧传感器地	地	117	喷油器 1（第 1 缸）	输出
57	凸轮轴相位传感器地	地	118	喷油器 3（第 3 缸）	输出
58	电子地 2	地	119	非持续电源 2	输入
59	电子节气门电机控制＋	输入	120	非持续电源 3	输入
60	电子节气门电机控制－	输入	121	喷油器 2（第 2 缸）	输出
61	空调允许信号	输入			

注：空格定义为空脚

3. 极限参数，如表 4-14 所示

表 4-14　电子控制单元 ECU 的极限参数

参量	数值			单位
	最小	典型	最大	
蓄电池电压	9.0	12	16.0	V
工作温度	－40		＋105	℃
储存温度	－40		＋65	℃
产品质量		700		g

4. 安装注意事项

(1) 安装时注意静电防护。

(2) 注意对插头针脚的保护。

5. 故障现象及判断方法

故障现象：怠速不稳、加速不良、不能启动、怠速过高、尾气超标、启动困难、空调失效、喷油器控制失效、熄火等。

(1) 一般故障原因：

①由于外接装置电气过载而导致 ECU 内部零部件烧毁而导致失效。

②由于 ECU 进水而导致线路板锈蚀等。

(2) 维修注意事项：

①维修过程不要随意拆卸 ECU。

②拆卸 ECU 前请先拆卸电瓶头 5 分钟以上。

③拆卸后的 ECU 注意存放。

④禁止在 ECU 的连接线上加装任何线路。

(3) 简易测量方法：

①（接上接头）利用发动机数据 CAN 线读取发动机故障记录。

②（卸下接头）检查 ECU 连接线是否完好，重点检查 ECU 电源供给、接地线路是否正常。

③检查外部传感器工作是否正常、输出信号是否可信、其线路是否完好。

④检查执行器工作是否正常、其线路是否完好。

⑤最后更换 ECU 进行试验。

十、低压燃油泵

· 低压燃油泵的简图如图 4-47 所示。

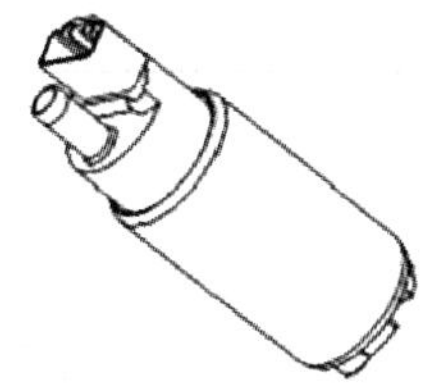

图 4-47　低压燃油泵

• 针脚：低压燃油泵有两个针脚，连接油泵继电器，如图 4-48 所示。两个针脚旁边的油泵外壳上刻有“+”和“-”号，分别表示接正极和负极。

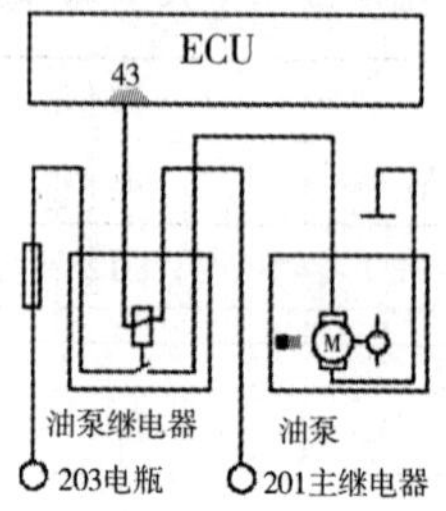

图 4-48 低压燃油泵电气原理图

1. 安装位置

燃油箱内。

2. 工作原理

低压燃油泵由直流电动机、叶片泵和端盖（集成了止回阀、泄压阀和抗电磁干扰元件）等组成，其剖面图如图 4-49 所示。泵和电动机同轴安装，并且封闭在同一个机壳内。机壳内的泵和电动机周围都充满了汽油，利用燃油散热和润滑。蓄电池通过油泵继电器向低压燃油泵供电，继电器只有在启动时和发动机运转时才使低压燃油泵电路接通。根据发动机的需要，低压燃油泵可有不同的流量。为便于生产，相同结构的低压燃油泵通过调整线圈匝数来调整电动机的转速，从而调整流量。所以不能随意地将一种车型的低压燃油泵用到另一种车型中。

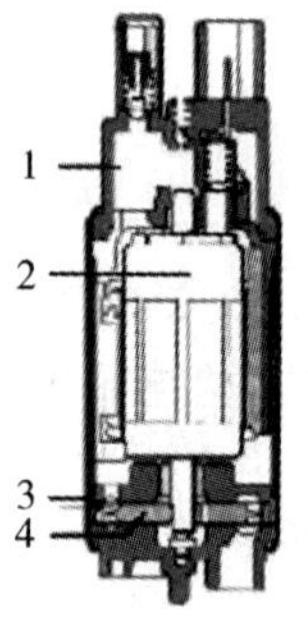

1—油泵端盖
2—电动机
3—油道
4—叶片机

图 4-49 低压燃油泵剖面图

3. 技术特性参数

（1）燃油泵技术参数，如表 4-15 所示。

表 4-15 燃油泵技术参数

参量	数值			单位
	最小	典型	最大	
工作电压		12		V（直流）
系统压力		6		bar

续　表

参量	数值			单位
	最小	典型	最大	
环境温度 （适用于储存和运输）	−40		+80	℃
许可的燃油温度	−30		+70	℃

（2）油泵浮子电阻参考阻值表，如表 4-16 所示。

表 4-16　燃油泵的油泵浮子电阻参考阻值

指示刻度	E	低燃油报警点	低燃油报警取消点	1/8	1/4	3/8	1/2	5/8	3/4	7/8	F
油泵阻值/Ω	323±5	314±4	293±4	293±4	264±4	235±4	206±4	177±3	147±3	119±3	90±3
指示油量/L	4	7	11	11	18	25	32	39	46	53	60

4. 安装注意事项

低压燃油泵应储存在密闭的原包装盒内。装上汽车后最大允许储存时间为 6 个月，作为配件最大储存时间为 4 年。超过这个时间，应由制造商重新检测油泵的性能数据。在储存地点，必须保护油泵免受大气的影响。储存期间，原包装不得损坏。

低压燃油泵只应用于油箱内。安装油泵时必须装上网眼尺寸不大于 60 m 的或与客户共同商定的进油口滤网。请注意，勿使从通气孔喷出的油束喷到进油口滤网、油泵支架或油箱壁上，搬运油泵时要小心。首先，必须保护进油口滤网不受载荷和冲击，油泵应当在安装时才小心地从塑料包材料中取出，保护盖只有在油泵马上要安装时才取走，绝对不允许取走进油口滤网，进入油泵进油口或滤网的异物会导致油泵的损坏，安装油管时要注意清洁，油管内部必须清洁，请只用新的油管夹子，请确定油管夹子的正确位置并遵循制造商推荐的方法，请勿在油管处或在进油口滤网处握持油泵。

为了防止油泵损坏，请不要在干态下运行油泵。不要使用损坏的油泵和曾经跌落到地上过的油泵。油箱掉落到地上以后，要更换油箱内的油泵。

在进油板上不允许施加压力。嵌缝处不能有机械应力。油泵的夹持必须在规定的范围内进行。

如果发生退货，请将油泵连同供货单、检验单以及包装标签一起送回。退货的油泵必须按照规定的方法包装。如果油泵已经用过，请用试验液冲洗，并在空气中晾干。不允许将油泵吹干。考虑到安全因素，不接受含有燃油的油泵。

5. 故障现象及判断方法

（1）故障现象：运转噪音大、加速不良、不能启动（启动困难）等。

（2）一般故障原因：由于使用劣质燃油导致：

①胶质堆积形成绝缘层；

②油泵轴衬与电枢抱死；

③油面传感器组件腐蚀等。

（3）维修注意事项：

①根据发动机的需要，低压燃油泵可有不同的流量，外形相同、能够装得上的燃油泵未必是合适的，维修时采用的燃油泵的零件号必须跟原来的一致，不允许换错；

②为了防止燃油泵意外损坏，请不要在干态下运行；

③在需要更换燃油泵的场合，请注意对燃油箱和管路的清洗及更换燃油滤清器。

（4）简易测量方法：

在进油管接上燃油压力表，启动发动机，观察燃油泵是否工作。若不运转，检查"+"针脚是否有电源电压；若运转，怠速工况下，检查燃油压力是否在 600 kPa 左右。

十一、高压燃油泵

· 高压燃油泵的简图如图 4-50 所示。

图 4-50 高压燃油泵简图

1. 安装位置

汽缸盖侧面。

2. 工作原理

高压燃油泵通过进气凸轮轴上的一个 4 点式凸轮来驱动，每次升程为 3.5 mm。最新应用的还有燃油泵在非喷射状态下将燃油泵输送入高压燃油系统。

限压阀集成在高压燃油泵中，它可以在受热膨胀或是在功能故障时保护零部件不会经受到燃油的高压，其剖面图如图 4-51 所示。

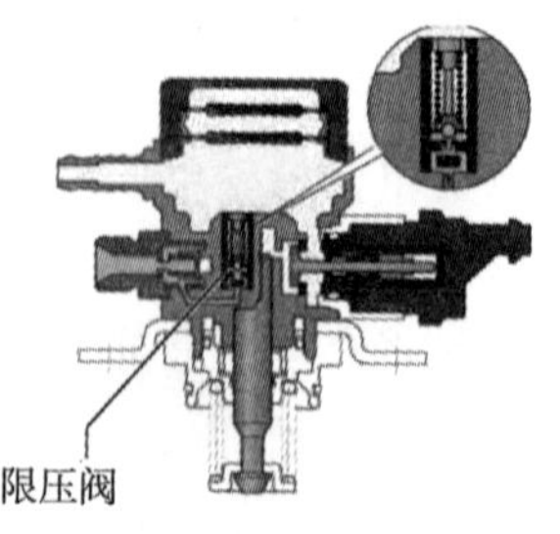

图 4-51 高压燃油泵剖面图

3. 技术特性参数，如表 4-17 所示

表 4-17　高压燃油泵的特性数据

参量		数值			单位
		最小	典型	最大	
系统压力		2		15	MPa
供油压力（绝对）		0.65		0.9	MPa
存储温度		−40		+70	℃
存储湿度		0%		80%	
工作环境温度		−40		+100	℃
进油口燃油温度		−40		+80	℃
干运转		0		10	min
流量控制阀	电阻		0.5		Ω
	绝缘电阻	10			MQ

4. 安装注意事项

安装油泵前，油泵法兰内直径 35 mm 的孔必须用干净、不含硅酮的发动机油润滑。

密封区域内不允许有分型面。

油泵支承面在法兰端必须完全支承。

跌落的零件必须全部报废。

油泵安装规定：

(1) 凸轮定位在下至点位置。

(2) 将油泵压紧至止点位置（所需的最大应用力为 1 kN）。

(3) 固定时用规定的扭矩拧紧，若违反安装规定，可能会使活塞断裂。

5. 故障现象及判断方法

(1) 故障现象：加速不良、不能启动（启动困难）、怠速抖动等。

(2) 一般故障原因：使用劣质燃油。

(3) 维护注意事项：

①使用规定燃油，经常使用燃油添加剂；

②油量指示灯亮前加油，降低油中沉积物对整个发动机系统的影响；

③在需要更换燃油泵的场合，请注意燃油压力泄压。

十二、点火线圈

· 点火线圈的简图与电路图如图 4-52、4-53 所示。

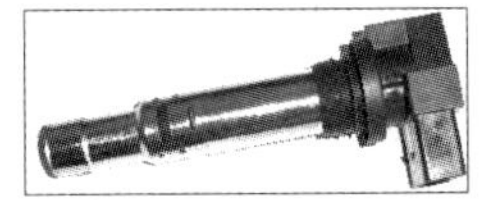

图 4-52　单火花点火线圈简图

注：本系统中有四个点火线圈，每个点火线圈的次级各接一个气缸，点火顺序为1—3—4—2。

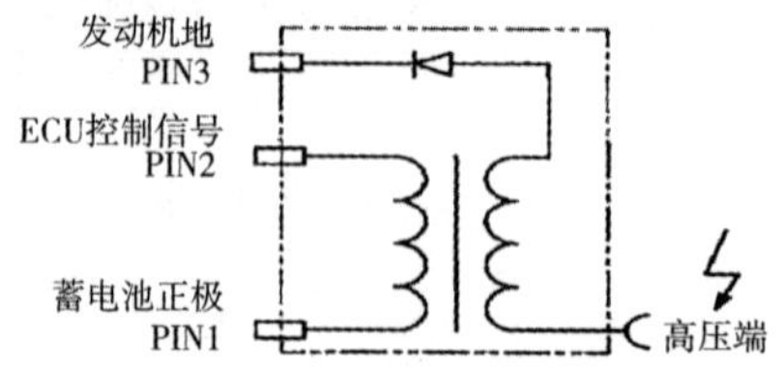

图4-53　单火花点火线圈电路图

·针脚定义：

缸点火线圈：

低压侧：1号线圈初级绕组针脚接点火开关，1号线圈初级绕组针脚接ECU的99#针脚。高压侧：两个次级绕组接线柱分别通过分火线与1#发动机气缸的火花塞连接。

缸点火线圈：

低压侧：2号线圈初级绕组针脚接点火开关，2号线圈初级绕组针脚接ECU的107#针脚。高压侧：两个次级绕组接线柱分别过分火线与2#发动机气缸的火花塞连接。

缸点火线圈：

低压侧：3号线圈初级绕组针脚接点火开关，3号线圈初级绕组针脚接ECU的98#针脚。高压侧：两个次级绕组接线柱分别通过分火线与3#发动机气缸的火花塞连接。

缸点火线圈：

低压侧：3号线圈初级绕组针脚接点火开关，4号线圈初级绕组针脚接ECU的106#针脚。高压侧：两个次级绕组接线柱分别通过分火线与4#发动机气缸的火花塞连接。

1. 安装位置

发动机气门室罩上。

2. 工作原理

点火线圈由初级线圈、次级线圈、铁芯、外壳等组成。当某一个初级绕组的接地通道接通时，该初级绕组充电。一旦ECU将初级绕组电路切断，则充电中止，同时在次级绕组中感应出高压电，使火花塞放电。每个气缸都配有一个点火线圈，并安装在火花塞上方。单独点火的优点是省去了高压线，点火能量损耗进一步减少。

3. 技术特性参数

(1) 特性数据，如表4-18所示。

表4-18　点火线圈的特性数据

基本功能参数	值	单位
额定电压	14	V
导线电阻	150±50	mΩ

（2）极限参数，如表 4-19 所示。

表 4-19　点火线圈的极限参数

参量	数值			单位
	最小	典型	最大	
工作电压	6		16	V
许可工作温度	－30		＋120	℃

4. 安装注意事项

本点火线圈安装在发动机上，建议安装扭矩 8 N·m±2 N·m，以免扭矩过大造成塑料壳体压溃。

在点火线圈安装环境周围不得出现锐利的金属边结构，高压输出区域和周边金属面至少保持 2 mm 以上的安装间隙。

安装过程中必须确保高压接杆和火花塞连接可靠，否则易发生高压漏电，造成点火不良。

5. 故障现象及判断方法

（1）故障现象：不能启动等。

（2）一般故障原因：电流过大导致烧毁、受外力损坏等。

（3）维修注意事项：维修过程禁止用“短路试火法”测试点火功能，以免对电子控制器造成损伤。

十三、电动水泵

• 电动水泵的简图和电气原理图如图 4-54、4-55 所示。

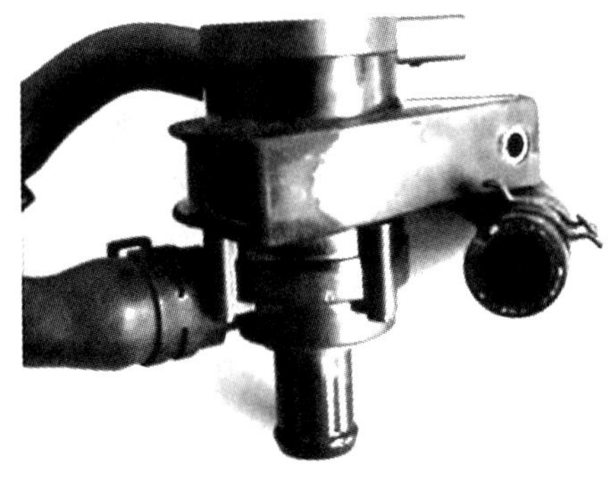

图 4-54　电动水泵简图

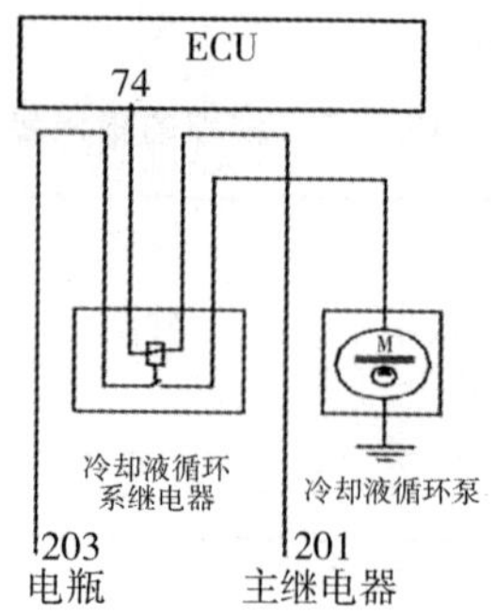

图 4-55　电动水泵电气原理图

· 针脚定义：

1＃引脚为电源负极。

3＃引脚为电源正极。

2＃引脚为空。

1. 安装位置

发动机冷却液循环管路上。

2. 工作原理

在打开水泵后，叶轮在泵体内做高速旋转运动（打开水泵前要使泵体内充满液体），泵体内的液体随着叶轮一起转动，在离心力的作用下液体在出口处被叶轮甩出，甩出的液体在泵体扩散室内速度逐渐变慢，液体被甩出后，叶轮中心处形成真空低压区，液池中的液体在外界大气压的作用下，经吸入管流入水泵内。泵体扩散室的容积是一定的，随着被甩出液体的增加，压力也逐渐增加，最后从水泵的出口被排出。液体就这样连续不断地从液池中被吸上来然后又连续不断地从水泵出口被排出去。

3. 技术特性参数

（1）特性参数如表 4-20 所示。

表 4-20　电动水泵的特性参数

基本性能参数	值	单位
额定功率	24	W
额定电压	12	V
工作电流	2	A

（2）极限参数如表 4-21 所示。

表 4-21　电动水泵的极限参数

参量	数值			单位
	最小	典型	最大	
工作电压	9		16	V

4. 安装注意事项

外观：注塑件外表面应平整、光滑，无明显注塑缺陷，金属件无锈蚀现象。

所有零部件不得有错装、漏装、反装现象。

适用介质：汽车用防冻液、水。

泵体内部无杂质，进出水口配备防尘罩。

5. 故障现象及判断方法

(1) 故障现象：水温过高、水温升高过快等。

(2) 维修：

①检查水泵的泵水压力能否达到要求。

②检查水泵是否漏水。

③检查水泵的驱动端是否连接牢固。

④检查水泵是否有堵塞。

任务三　故障系统的诊断流程

学习目标

1. 能够根据维修手册对故障现象进行原因分析；

2. 能够根据故障现象描述检修诊断流程，并且能够实施检修工作任务。

知识准备

在开始根据发动机故障现象进行故障诊断的步骤之前，应首先进行初步检查：

1. 确认发动机故障指示灯工作正常；

2. 用故障诊断仪检查，确认没有故障信息记录；

3. 确认车主投诉的故障现象存在，并确认发生该故障出现的条件。

然后进行外观检查：

1. 检查燃油管路是否有泄漏现象；

2. 检查真空管路是否有断裂、扭结现象，连接是否正确；

3. 检查进气管路是否堵塞、漏气、被压扁或损坏；

4. 检查点火线圈的外观，是否有鼓包、烧熔现象，点火顺序是否正确；

5. 检查冷却系统管路是否堵塞、漏水；

6. 检查增压器的外观有无擦伤，涡轮轴组件是否能自由转动，叶轮有无因冲击而损坏的现象；

7. 检查涡轮壳和相关管路接头是否有废气泄漏，及进气系统有无泄漏；

8. 检查线束接地处是否干净、牢固；

9. 检查各传感器、执行器接头是否有松动或接触不良的情况。

重要提示：如上述现象存在，则先针对故障现象进行维修作业，否则将影响后面的故障诊断维修工作。

按照 TB10 维修手册列出如下几个常见故障，并针对这几个故障提出诊断的一般流程。

诊断帮助：

1. 确认发动机无任何故障记录。

2. 确认投诉的故障现象存在。

3. 已按上述步骤检查，并无发现异常情况。

4. 检修过程中不要忽略汽车保养情况、气缸压力、点火正时、燃油情况等对系统的影响。

5. 更换 ECU，进行测试。若此时故障现象能消除，则故障部位在 ECU；若此时故障现象仍然存在，则换回原有 ECU，重复流程，再次进行检修工作。

一、启动时，发动机不转或转动缓慢

一般故障部位：蓄电池、启动电机、线束或点火开关、前舱配电盒及仪表配电盒中的保险丝或继电器、发动机机械部分。

一般诊断流程，如表 4-22 所示。

表 4-22　发动机不转或转动缓慢的诊断流程

序号	操作步骤	检测结果	后续步骤
1	用万用表检查蓄电池两个接线柱之间的电压，在发动机启动的时候是否有 8～12 V	是	下一步
		否	更换蓄电池
2	点火开关保持在启动位置，用万用表检查启动电机正极的接线柱是否有 8 V 以上的电压	是	下一步
		否	修理或更换线束
3	拆卸启动电机，检查启动电机的工作状况。重点检查其是否存在断路或因润滑不良而卡死	是	修理或更换启动电机
		否	下一步
4	拆下蓄电池正负接线，用万用表检查前舱配电盒中的保险丝：F1/5、F1/9、F1/18、F1/22－1、F1/23－2 及仪表配电盒中的保险丝：F2/3、F2/14、F2/22、F2/23、F2/24、F2/25、F2/26 是否导通，确定各保险丝是否已经熔断	是	更换相应保险丝
		否	下一步
5	发动机上电时，检查仪表配电盒中的继电器：K2－1、K2－4、K2－6 是否吸合；启动发动机时，检查仪表配电盒中的继电器：K2－7 是否吸合	是	维修或更换相应继电器
		否	下一步

续　表

序号	操作步骤	检测结果	后续步骤
6	如果故障仅在冬季发生，则检查是否因发动机润滑油及齿轮箱油选用不当而导致启动电机的阻力过大	是	换合适标号的润滑油
		否	下一步
7	检查发动机内部机械阻力是否过大，导致启动电机不转或转动缓慢	是	检修发动机内部阻力
		否	重复上述步骤

二、启动时，发动机可以拖转但不能成功启动

一般故障原因或部位：油箱无油、高压油泵、低压油泵、转速传感器、点火线圈、前舱配电盒及仪表配电盒中的保险丝或继电器、发动机机械部分。

一般诊断流程，如表 4-23 所示。

表 4-23　发动机可以拖转但不能成功启动的诊断流程

序号	操作步骤	检测结果	后续步骤
1	接上燃油压力表（接入点为高压油轨进油口），启动发动机，检查燃油压力在怠速工况下是否在 600 kPa 左右	是	下一步
		否	检修供油系统
2	接上电喷系统诊断仪，观察高压油泵压力是否为 65 bar 左右	是	下一步
		否	检修或更换高压油泵
3	拆卸喷油器，用喷油器专用清洗分析仪检查喷油器是否存在泄漏或堵塞现象	是	清洗或更换喷油器
		否	下一步
4	接上电喷系统诊断仪，观察“发动机转速”数据项，启动发动机，观察是否有转速信号输出	是	下一步
		否	检修转速传感器线路
5	拔出其中一缸的点火线圈，同时将对应喷油嘴插头拔掉，接上火花塞，令火花塞电极距发动机机体 5 mm 左右，启动发动机，检查是否有蓝白高压火	是	下一步
		否	检修点火系统
6	拆下蓄电池正负接线，用万用表检查前舱配电盒中的保险丝：F1/9、F1/18 及仪表配电盒中的保险丝：F2/3、F2/14、F2/23、F2/24、F2/25、F2/26 是否导通，确定各保险丝是否已经熔断	是	更换相应保险丝
		否	下一步
7	发动机上电时，检查仪表配电盒中的继电器：K2－1、K2－4、K2－6 是否吸合	是	维修或更换相应继电器
		否	下一步

续 表

序号	操作步骤	检测结果	后续步骤
8	检查发动机各个气缸的压力情况，观察发动机气缸是否存在压力不足的情况	是	排除发动机机械故障
		否	下一步
9	接上电喷系统转接器，打开点火开关，检查持续电源、点火开关、非持续电源、非持续电源针脚电源供给是否正常；检查点火地、电子地1、功率地1针脚搭铁是否正常	是	诊断帮助
		否	检修相应的线路

三、热车启动困难

一般故障原因或部位：燃油含水、高压油泵、低压油泵、冷却液温度传感器、点火线圈。

一般诊断流程，如表4-24所示。

表4-24 热车启动困难的诊断流程

序号	操作步骤	检测结果	后续步骤
1	接上燃油压力表（接入点为高压油轨进油口），启动发动机，检查燃油压力在怠速工况下是否在600 kPa左右	是	下一步
		否	检修供油系统
2	拔出其中一缸的点火线圈，同时将对应喷油嘴插头拔掉，接上火花塞，令火花塞电极距发动机机体5 mm左右，启动发动机，检查是否有蓝白高压火	是	下一步
		否	检修点火系统
3	拔下冷却液温度传感器接头，启动发动机，观察此时发动机是否成功启动（或在冷却液温度传感器接头处串联一个300 Ω的电阻代替冷却液温度传感器，观察此时发动机是否成功启动）	是	检修线路或更换传感器
		否	下一步
		否	下一步
4	检查燃油情况，观察故障现象是否由于刚好加油引起	是	更换燃油
		否	下一步
5	接上电喷系统转接器，打开点火开关，检查113#、112#、3#、119#、120#针脚电源供给是否正常；检查51#、58#、2#、100#、103#、104#、108#针脚搭铁是否正常	是	诊断帮助
		否	检修相应的线路

四、冷车启动困难

一般故障原因或部位：燃油含水、高压油泵、低压油泵、冷却液温度传感器、喷油器、点火线圈、电子节气门、发动机机械部分。

一般诊断流程，如表 4-25 所示。

表 4-25 冷车启动困难的诊断流程

序号	操作步骤	检测结果	后续步骤
1	接上燃油压力表（接入点为高压油轨进油口），启动发动机，检查燃油压力在怠速工况下是否在 600 kPa 左右	是	下一步
		否	检修供油系统
2	拔出其中一缸的点火线圈，同时将对应喷油嘴插头拔掉，接上火花塞，令火花塞电极距发动机机体 5 mm 左右，启动发动机，检查是否有蓝白高压火	是	下一步
		否	检修点火系统
3	拔下冷却液温度传感器接头，启动发动机，观察此时发动机是否成功启动（或在冷却液温度传感器接头处串联一个 2500 Ω 的电阻，代替冷却液温度传感器，观察此时发动机是否成功启动）	是	检修线路或更换传感器
		否	下一步
4	轻轻踩下油门，观察是否容易启动	是	清洗节气门
		否	下一步
5	拆卸喷油器，用喷油器专用清洗分析仪检查喷油器是否存在泄漏或堵塞现象	是	更换有故障的
		否	下一步
6	检查燃油情况，观察故障现象是否由于刚好加油引起	是	更换燃油
		否	下一步
7	检查发动机各个气缸的压力情况，观察发动机气缸是否存在压力不足的情况	是	排除发动机机械故障
		否	下一步
8	接上电喷系统转接器，打开点火开关，检查 113＃、112＃、3＃、119＃、120＃针脚电源供给是否正常；检查 51＃、58＃、2＃、100＃、103＃、104＃、108＃针脚搭铁是否正常	是	诊断帮助
		否	检修相应的线路

五、转速正常，但任何时候均启动困难

一般故障原因或部位：燃油含水、高压油泵、低压油泵、冷却液温度传感器、喷油器、点火线圈、电子节气门总成、进气道、点火正时、火花塞、发动机机械部分。

一般诊断流程，如表 4-26 所示。

表 4-26　转速正常，但任何时候均启动困难的诊断流程

序号	操作步骤	检测结果	后续步骤
1	检查空气滤清器是否堵塞，进气道是否存在漏气	是	检修进气系统
		否	下一步
2	接上燃油压力表（接入点为高压油轨进油口），启动发动机，检查燃油压力在怠速工况下是否在 600 kPa 左右	是	下一步
		否	检修供油系统
3	拔出其中一缸的点火线圈，同时将对应喷油嘴插头拔掉，接上火花塞，令火花塞电极距发动机机体 5 mm 左右，启动发动机，检查是否有蓝白高压火	是	下一步
		否	检修点火系统
4	检查各个气缸的火花塞，观察其型号及间隙是否符合规范	是	下一步
		否	调整或更换
5	拔下冷却液温度传感器接头，启动发动机，观察此时发动机是否成功启动	是	检修线路或更换传感器
		否	下一步
6	轻轻踩下油门，观察是否容易启动	是	清洗节气门
		否	下一步
7	拆卸喷油器，用喷油器专用清洗分析仪检查喷油器是否存在泄漏或堵塞现象	是	更换有故障的
		否	下一步
8	检查燃油情况，观察故障现象是否由于刚好加油后引起	是	更换燃油
		否	下一步
9	检查发动机各个气缸的压力情况，观察发动机气缸是否存在压力不足的情况	是	排除发动机机械故障
		否	下一步
10	检查发动机的点火顺序及点火正时是否符合规范	是	下一步
		否	检修点火正时
11	接上电喷系统转接器，打开点火开关，检查 113＃、112＃、3＃、119＃、120＃针脚电源供给是否正常；检查 51＃、58＃、2＃、100＃、103＃、104＃、108＃针脚搭铁是否正常	是	诊断帮助
		否	检修相应的线路

六、启动正常，但任何时候都怠速不稳

一般故障原因或部位：燃油含水、喷油器、火花塞、电子节气门阀体总成、进气道、点火正时、火花塞、发动机机械部分。

一般诊断流程，如表 4-27 所示。

表 4-27 启动正常，但任何时候都怠速不稳的诊断流程

序号	操作步骤	检测结果	后续步骤
1	检查空气滤清器是否堵塞，进气道是否存在漏气	是	检修进气系统
		否	下一步
2	检查各个气缸的火花塞，观察其型号及间隙是否符合规范	是	下一步
		否	调整或更换
3	检查电子节气门体是否存在积碳现象	是	清洗
		否	下一步
4	拆卸喷油器，用喷油器专用清洗分析仪检查喷油器是否存在泄漏、堵塞或流量超差现象	是	更换有故障的
		否	下一步
5	检查燃油情况，观察故障现象是否由于刚好加油后引起	是	更换燃油
		否	下一步
6	检查发动机各个气缸的压力情况，观察发动机气缸压力是否存在差异较大的情况	是	排除发动机机械故障
		否	下一步
7	检查发动机的点火顺序及点火正时是否符合规范	是	下一步
		否	检修点火正时
8	接上电喷系统转接器，打开点火开关，检查 113＃、112＃、3＃、119＃、120＃针脚电源供给是否正常；检查 51＃、58＃、2＃、100＃、103＃、104＃、108＃针脚搭铁是否正常	是	诊断帮助
		否	检修相应的线路

七、启动正常，但暖机过程中怠速不稳

一般故障原因或部位：燃油含水、冷却液温度传感器、火花塞、电子节气门、进气道、发动机机械部分。

一般诊断流程，如表 4-28 所示。

表 4-28 启动正常，但暖机过程中怠速不稳的诊断流程

序号	操作步骤	检测结果	后续步骤
1	检查空气滤清器是否堵塞，进气道是否存在漏气	是	检修进气系统
		否	下一步
2	检查各个气缸的火花塞，观察其型号及间隙是否符合规范	是	下一步
		否	调整或更换

续　表

序号	操作步骤	检测结果	后续步骤
3	检查电子节气门体是否存在积碳现象	是	清洗相关零部件
		否	下一步
4	拔下冷却液温度传感器接头，启动发动机，观察此时发动机是否在暖机过程怠速不稳	是	检修线路或更换传感器
		否	下一步
5	拆卸喷油器，用喷油器专用清洗分析仪检查喷油器是否存在泄漏、堵塞或流量超差现象	是	更换有故障的
		否	下一步
6	检查燃油情况，观察故障现象是否由于刚好加油引起	是	更换燃油
		否	下一步
7	检查发动机各个气缸的压力情况，观察发动机气缸压力是否存在差异较大的情况	是	排除发动机机械故障
		否	下一步
8	接上电喷系统转接器，打开点火开关，检查 113＃、112＃、3＃、119＃、120＃针脚电源供给是否正常；检查 51＃、58＃、2＃、100＃、103＃、104＃、108＃针脚搭铁是否正常	是	诊断帮助
		否	检修相应的线路

八、启动正常，但暖机结束后怠速不稳

一般故障原因或部位：燃油含水、冷却液温度传感器、火花塞、电子节气门、进气道、发动机机械部分。

一般诊断流程，如表 4-29 所示。

表 4-29　启动正常，但暖机结束后怠速不稳的诊断流程

序号	操作步骤	检测结果	后续步骤
1	检查空气滤清器是否堵塞，进气道是否存在漏气	是	检修进气系统
		否	下一步
2	检查各个气缸的火花塞，观察其型号及间隙是否符合规范	是	下一步
		否	调整或更换
3	检查节气门体是否存在积碳现象	是	清洗相关零部件
		否	下一步
4	拔下冷却液温度传感器接头，启动发动机，观察此时发动机是否在暖机过程怠速不稳	是	检修线路或更换传感器
		否	下一步
5	拆卸喷油器，用喷油器专用清洗分析仪检查喷油器是否存在泄漏、堵塞或流量超差现象	是	故障的更换
		否	下一步

续　表

序号	操作步骤	检测结果	后续步骤
6	检查燃油情况，观察故障现象是否由于刚好加油引起	是	更换燃油
		否	下一步
7	检查发动机各个气缸的压力情况，观察发动机气缸压力是否存在差异较大的情况	是	排除发动机机械故障
		否	下一步
8	接上电喷系统转接器，打开点火开关，检查 113＃、112＃、3＃、119＃、120＃针脚电源供给是否正常；检查 51＃、58＃、2＃、100＃、103＃、104＃、108＃针脚搭铁是否正常	是	诊断帮助
		否	检修相应的线路

九、启动正常，但部分负荷（如开空调）时怠速不稳或熄火

一般故障部位：空调系统、电子节气门、喷油器。

一般诊断流程，如表 4-30 所示。

表 4-30　启动正常，但部分负荷（如开空调）时怠速不稳或熄火的诊断流程

序号	操作步骤	检测结果	后续步骤
1	检查电子节气门体是否存在积碳现象	是	清洗相关零部件
		否	下一步
2	观察开启空调时发动机输出功率是否增大，即利用电喷系统诊断仪观察点火提前角、喷油脉宽及进气量的变化情况	是	到步骤 4
		否	下一步
3	接上电喷系统转接器，断开电子控制单元 54＃针脚连接线，检查开空调时，线束端是否为高电平信号	是	下一步
		否	检修空调系统
4	检查空调系统压力、压缩机的电磁离合器和空调压缩泵是否正常	是	下一步
		否	检修空调系统
5	拆卸喷油器，用喷油器专用清洗分析仪检查喷油器是否存在泄漏、堵塞或流量超差现象	是	更换有故障的
		否	下一步
6	接上电喷系统转接器，打开点火开关，检查 113＃、112＃、3＃、119＃、120＃针脚电源供给是否正常；检查 51＃、58＃、2＃、100＃、103＃、104＃、108＃针脚搭铁是否正常	是	诊断帮助
		否	检修相应的线路

十、启动正常，但怠速过高

一般故障部位：电子节气门阀体总成、真空管、冷却液温度传感器、点火正时。

一般诊断流程，如表 4-31 所示。

表 4-31　启动正常，但怠速过高的诊断流程

序号	操作步骤	检测结果	后续步骤
1	检查电子油门踏板信号输出是否正常	是	更换油门踏板
		否	下一步
2	检查进气系统及连接的真空管道是否存在漏气	是	检修进气系统
		否	下一步
3	检查电子节气门体是否存在积碳现象	是	清洗相关零部件
		否	下一步
4	拔下冷却液温度传感器接头，启动发动机，观察此时发动机是否怠速过高	是	检修线路或更换传感器
		否	下一步
5	检查发动机的点火正时是否符合规范	是	下一步
		否	检修点火正时
6	接上电喷系统转接器，打开点火开关，检查 113＃、112＃、3＃、119＃、120＃针脚电源供给是否正常；检查 51＃、58＃、2＃、100＃、103＃、104＃、108＃针脚搭铁是否正常	是	诊断帮助
		否	检修相应的线路

十一、加速时转速上不去或熄火

一般故障原因或部位：燃油含水、进气压力传感器、火花塞、电子节气门阀体总成、进气道、怠速调节器、喷油器、点火正时、排气管、涡轮增压器。

一般诊断流程，如表 4-32 所示。

表 4-32　加速时转速上不去或熄火的诊断流程

序号	操作步骤	检测结果	后续步骤
1	检查空气滤清器是否堵塞	是	检修进气系统
		否	下一步
2	接上燃油压力表（接入点为高压油轨进油口），启动发动机，检查燃油压力在怠速工况下是否在 600 kPa 左右	是	下一步
		否	检修供油系统
3	检查各个气缸的火花塞，观察其型号及间隙是否符合规范	是	下一步
		否	调整或更换

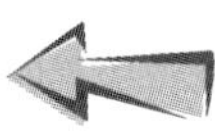

续　表

序号	操作步骤	检测结果	后续步骤
4	检查电子节气门体是否存在积碳现象	是	清洗相关零部件
		否	下一步
5	检查进气压力传感器、电子节气门体及其线路是否正常	是	下一步
		否	检修线路或更换传感器
6	拆卸喷油器，用喷油器专用清洗分析仪检查喷油器是否存在泄漏或堵塞现象	是	更换有故障的
		否	下一步
7	检查燃油情况，观察故障现象是否由于刚好加油引起	是	更换燃油
		否	下一步
8	检查发动机的点火顺序及点火正时是否符合规范	是	下一步
		否	检修点火正时
9	检查排气管是否排气顺畅	是	下一步
		否	修复或更换排气管
10	接上电喷系统转接器，打开点火开关，检查113＃、112＃、3＃、119＃、120＃针脚电源供给是否正常；检查51＃、58＃、2＃、100＃、103＃、104＃、108＃针脚搭铁是否正常	是	下一步
		否	检修相应的线路
11	检测涡轮增压器的工作情况，是否有增压不足或漏气的现象	是	诊断帮助
		否	检修增压器管路或更换相应部件

十二、加速时反应慢

一般故障原因或部位：燃油含水、进气压力传感器、火花塞、电子节气门阀体总成、进气道、喷油器、点火正时、排气管、涡轮增压器。

一般诊断流程，如表4-33所示。

表4-33　加速时反应慢的诊断流程

序号	操作步骤	检测结果	后续步骤
1	检查空气滤清器是否堵塞	是	检修进气系统
		否	下一步
2	接上燃油压力表（接入点为高压油轨进油口），启动发动机，检查燃油压力在怠速工况下是否在600 kPa左右	是	下一步
		否	检修供油系统

续　表

序号	操作步骤	检测结果	后续步骤
3	检查各个气缸的火花塞，观察其型号及间隙是否符合规范	是	下一步
		否	调整或更换
4	检查节气门体是否存在积碳现象	是	清洗相关零部件
		否	下一步
5	检查进气压力传感器线路是否正常	是	下一步
		否	检修线路或更换传感器
6	拆卸喷油器，用喷油器专用清洗分析仪检查喷油器是否存在泄漏或堵塞现象	是	更换有故障的
		否	下一步
7	检查燃油情况，观察故障现象是否由于刚好加油引起	是	更换燃油
		否	下一步
8	检查发动机的点火顺序及点火正时是否符合规范	是	下一步
		否	检修点火正时
9	检查排气管是否排气顺畅，并检查涡轮增压器是否存在漏气或增压不足的现象	是	下一步
		否	修复或更换
10	接上电喷系统转接器，打开点火开关，检查113＃、112＃、3＃、119＃、120＃针脚电源供给是否正常；检查51＃、58＃、2＃、100＃、103＃、104＃、108＃针脚搭铁是否正常	是	诊断帮助
		否	检修相应的线路

十三、加速时无力，性能差

一般故障原因或部位：燃油含水、进气压力传感器、火花塞、点火线圈、电子节气门阀体、进气道、喷油器、点火正时、排气管、涡轮增压器。

一般诊断流程，如表4-34所示。

表4-34　加速时无力，性能差的诊断流程

序号	操作步骤	检测结果	后续步骤
1	检查是否存在离合器打滑、轮胎气压低、制动拖滞、轮胎尺寸不对、四轮定位不正确等故障	是	修理
		否	下一步
2	检查空气滤清器是否堵塞	是	检修进气系统
		否	下一步
3	接上燃油压力表（接入点为高压油轨进油口），启动发动机，检查燃油压力在怠速工况下是否在600 kPa左右	是	下一步
		否	检修供油系统

续　表

序号	操作步骤	检测结果	后续步骤
4	拔出其中一缸的点火线圈同时将对应喷油嘴插头拔掉，接上火花塞，令火花塞电极距发动机机体 5 mm 左右，启动发动机，检查是否有蓝白高压火	是	下一步
		否	检修点火系统
5	检查各个气缸的火花塞，观察其型号及间隙是否符合规范	是	下一步
		否	调整或更换
6	检查电子节气门是否存在积碳现象	是	清洗相关零部件
		否	下一步
7	检查进气压力传感器、节气门位置传感器及其线路是否正常	是	下一步
		否	检修线路或更换传感器
8	拆卸喷油器，用喷油器专用清洗分析仪检查喷油器是否存在泄漏或堵塞现象	是	更换有故障的
		否	下一步
9	检查燃油情况，观察故障现象是否由于刚好加油引起	是	更换燃油
		否	下一步
10	检查发动机的点火顺序及点火正时是否符合规范	是	下一步
		否	检修点火正时
11	检查排气管是否排气顺畅	是	下一步
		否	修复或更换排气管
12	接上电喷系统转接器，打开点火开关，检查 113＃、112＃、3＃、119＃、120＃针脚电源供给是否正常；检查 51＃、58＃、2＃、100＃、103＃、104＃、108＃针脚搭铁是否正常	是	下一步
		否	检修相应的线路
13	检测涡轮增压器的工作情况，是否有增压不足或漏气的现象	是	诊断帮助

十四、加速或匀速时车辆顿挫、抖动

一般故障原因或部位：燃油、轮胎不符合技术要求，空滤及进气道堵塞，电子节气门阀体积碳过多，油压过低或无油压，点火线圈、火花塞、喷油器、点火正时、排气管、涡轮增压器、碳罐堵塞或碳罐电磁阀故障，传感器及线路故障。

一般诊断流程，如表 4-35 所示。

表 4-35　加速或匀速时车辆顿挫、抖动的诊断流程

序号	操作步骤	检测结果	后续步骤
1	检查燃油、轮胎气压、轮胎尺寸、四轮定位等是否符合技术要求	是	更换或修理
		否	下一步
2	检查空气滤清器是否堵塞，进气道积碳是否过多	是	更换空滤，清洗进气道
		否	下一步
3	检查电子节气门是否积碳过多	是	清洗或更换节气门
		否	下一步
4	接上燃油压力表（接入点为高压油泵进油口），启动发动机，检查燃油压力在怠速工况下是否在 600 kPa 左右	是	下一步
		否	检修供油系统
5	拔出其中一缸的点火线圈同时将对应喷油嘴插头拔掉，接上火花塞，令火花塞电极距发动机机体 5 mm 左右，启动发动机，检查是否有蓝白高压火	是	下一步
		否	检修点火系统
6	检查各个气缸的火花塞，观察其型号及间隙是否不符合规范，是否积碳过多	是	更换火花塞
		否	下一步
7	拆卸喷油器，用喷油器专用清洗分析仪检查喷油器是否存在泄漏或堵塞现象	是	更换有故障的
		否	下一步
8	检查燃油情况，观察故障现象是否由于刚好加油引起	是	更换燃油
		否	下一步
9	检查发动机的点火顺序及点火正时是否符合规范	是	下一步
		否	检修点火正时
10	检查排气管是否排气顺畅	是	下一步
		否	修复或更换排气管
11	检测涡轮增压器的工作情况，是否有增压不足或漏气的现象	是	诊断帮助
		否	下一步
12	检查碳罐是否已经堵塞不能正常工作	是	更换碳罐
		否	下一步
13	打开点火开关，用诊断仪控制使碳罐电磁阀处于开或关状态，检查碳罐电磁阀是否能够根据指令进行动作	是	下一步
		否	维修或更换碳罐电磁阀
14	检查进气压力传感器、节气门位置传感器及其线路是否正常	是	下一步
		否	检修线路或更换传感器

续　表

序号	操作步骤	检测结果	后续步骤
15	接上电喷系统转接器，打开点火开关，检查 113＃、112＃、3＃、119＃、120＃针脚电源供给是否正常；检查 51＃、58＃、2＃、100＃、103＃、104＃、108＃针脚搭铁是否正常	是	下一步
		否	检修相应的线路

任务四　混合的动力汽车冷却系统结构与诊断

学习目标

1. 能够根据维修手册描述故障码含义；
2. 能够根据故障码描述检修诊断流程。

知识准备

一、比亚迪秦 PLUS DM-i 混合动力车辆发动机简述

应用的 BYD472QA 系列汽油机是公司自主研发的高效版发动机，具备先进的自诊断功能。喷射系统采用多点、顺序喷射，具有升功率大、油耗低、噪声小、污染低、结构紧凑等特点。在各种工况下，BYD472QA 系列汽油机均可在最佳状态下工作，可以保证其配载的整车具有可靠的安全性、驾驶的舒适性、最佳的经济性和完美的环保性能。

二、比亚迪秦 PLUS DM-i 混合动力车辆冷却系统

秦动力系统中的冷却系统由发动机冷却系统和电机冷却系统两部分组成。发动机冷却系统与传统涡轮增压车型冷却系统一样，系统水温一般在 90 ℃～100 ℃之间，允许最高温度为 110 ℃。电机冷却系统采用了第三套独立的冷却系统，用于电机与电机控制器的冷却，是通过单独的电动水泵驱动冷却液实现的独立循环系统。它由散热器、电子风扇、水管、水壶、电机水套、电机控制器、水泵（安装在水箱立柱上的电动水泵）组成。系统水温一般在 50 ℃～60 ℃，允许最高温度为 75 ℃。

智能热管理系统主要通过调节水泵转速、电子节温器开度、冷却风扇转速等来保持发动机始终工作在正常的温度范围。功能：提高暖机速度、温度精准控制、降低摩擦功、提高热效率，如图 4-56 所示。

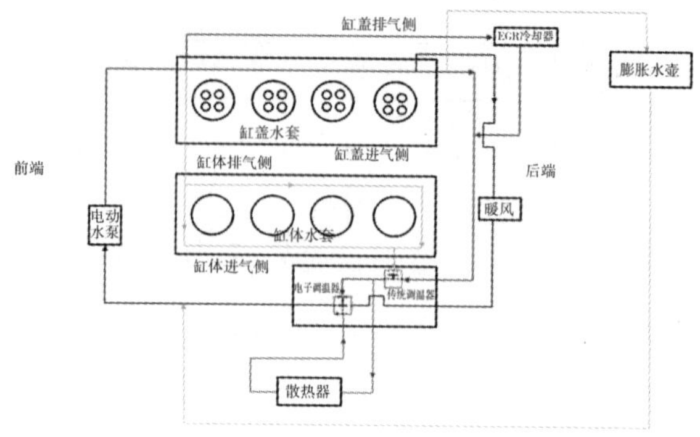

图 4-56　智能热管理系统原理

1. 电子调温器

电子调温器包括：调温器本体总成、加热器组件、壳体。可以通过 ECU 输出占空比控制加热装置，对感温蜡内部进行加热，实现调温器阀门开闭自我控制，具备发动机冷却液大循环开启温度可控功能。与传统调温器相比，电子调温器具有以下优点：

电子调温器可设置初开温度更高，实现小负荷、暖机时间缩短。

电子调温器相比传统调温器，灵敏度更高，响应更加迅速。

电子调温器使冷却系统能较快响应工况变化，并能对发动机冷却液大流量调节智能可控，可以提高发动机性能和使用寿命，减少废气排放。

（1）电子调温器安装位置图如图 4-57 所示。

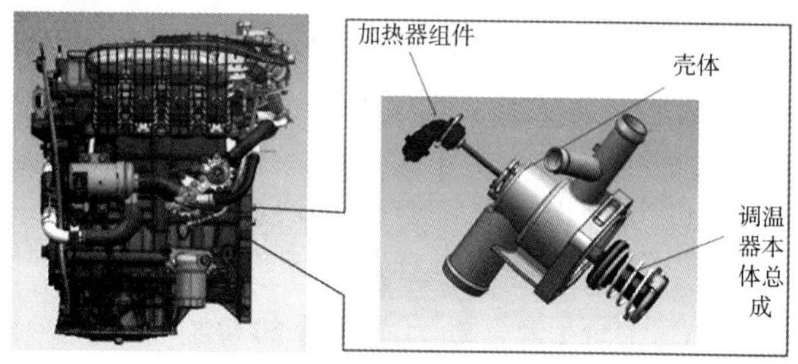

图 4-57　电子调温器安装位置图

（2）电子调温器实物图及电气原理图如图 4-58 所示。

图 4-58　电子调温器实物图及电气原理图

(3) 判断方法：

①检查节温器插头卡片，是否有松动、破损现象。

②拔下线束插头，检查针脚不应有生锈、歪斜等现象。

③检查线束插接母端不应存在端子扩孔、退针、线束裸露或断开的情况。

④使用万用表检测节温器针脚之间的电阻值，电阻值范围在 9.5±0.95 Ω 之间。

⑤检查节温器的初开温度：电子调温器 97±2 ℃、机械调温器 70±2 ℃；全开温度：电子节温器 113 ℃、机械节温器 85 ℃。

以上：如确认线束正常，电源接地正常，电子调温器无法工作或无法按要求打开关闭，则为调温器故障。

2. 电动水泵

电动水泵：ECU 根据发动机需求，适时控制水泵工作的转速和功率，使发动机在各工况下始终工作在最佳的温度区间。

(1) 电动水泵装配位置及实物图，如图 4-59 所示。

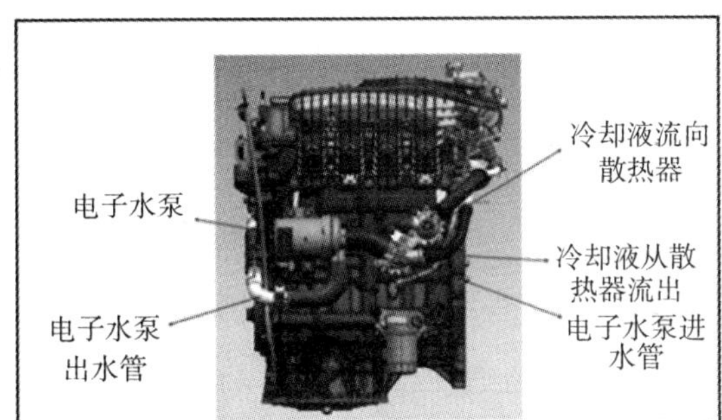

图 4-59　电动水泵装配位置及实物图

(2) 电动水泵的端子图如图 4-60 所示。

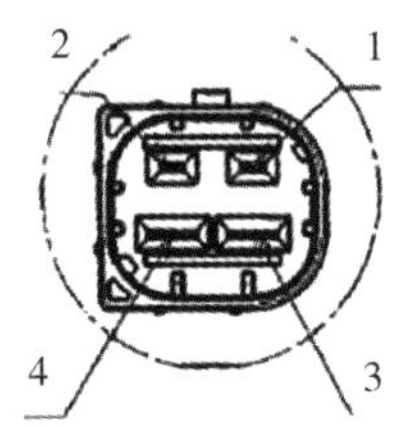

图 4-60　电动水泵的端子图

针脚定义如表 4-36 所示。

表 4-36　电动水泵的针脚定义

引脚号	端口名称	端口定义
1	LIN	LIN 调速信号输入
2	PWM	PWM 调速信号输入

续 表

引脚号	端口名称	端口定义
3	GND	负极
4	ACC	正极

(3) 判断方法：

①检查水泵插头卡片，是否有松动、破损现象。

②拔下线束插头，检查针脚不应有生锈、歪斜等现象。

③检查线束插接母端不应存在端子扩孔、退针、线束裸露或断开的情况。

④使用万用表检测水泵电源是否为 13.5 V，接地是否正常；CAN 线、LIN 线是否导通。

⑤进入整车控制器—元件动作测试—水泵控制，确认是否可以正常驱动发动机水泵工作。

以上：如确认线束正常、电源接地正常，VDS 无法驱动发动机水泵工作，则为水泵故障。

(4) 发动机冷却系统排空：

进入电动水泵“保养模式”，运行 5 分钟，“保养模式”运行时若冷却液液位低于 MIN 线，则往副水箱内添加冷却液直至 MAX 标记。启动保养模式操作步骤（在 60 s 内执行以下 4 步）：

①将电源开关置于 ON 挡。

②选择驻车挡 P，完全踩下加速踏板两次。

③选择空挡 N，完全踩下加速踏板两次。

④选择驻车挡 P，完全踩下加速踏板两次。

注：系统进入保养模式后，水泵开始工作，同时会听到电动水泵工作声音（保养模式期间禁止挂挡、熄火断电）。

系统在保养模式期间，检测到行车或倒车挂挡、断电熄火或电动水泵自运行 12 min，则会退出保养模式。

3. 电子冷却 EGR 系统

EGR 即废气再循环的简称，废气再循环是指把发动机排出的部分废气回送到进气歧管，并与新鲜混合气一起再次进入气缸，使气缸中混合气的最高燃烧温度降低，从而减少了 NO_x 的生成量。电子冷却 EGR 主要有以下优点：

抑制爆震的发生：冷却后的废气引入燃烧室，可降低燃烧温度，减缓燃烧速度，延长燃烧持续期，保持燃烧稳定。

提高热效率：使用 EGR 后爆震倾向被抑制，发动机可以增大点火提前角，同时增大压缩比。

降低泵气损失：引入 EGR 废气后，为保证足量新鲜空气，须增大节气门开度，泵气损失也会相应减小。

(1) 冷却 EGR 系统装配位置图如图 4-61 所示。

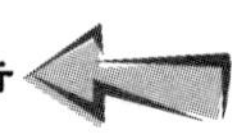

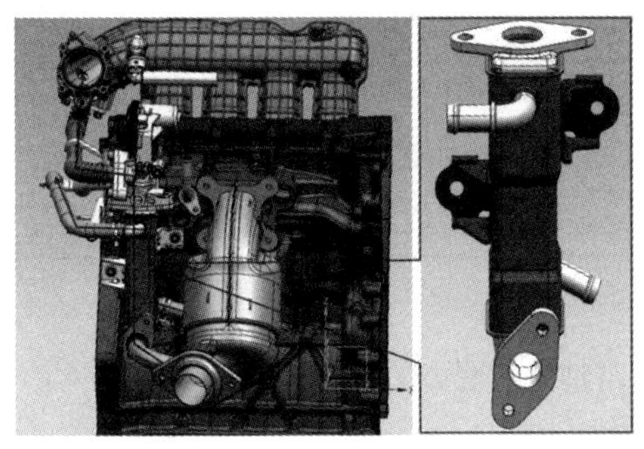

图 4-61　冷却 EGR 系统装配位置图

（2）冷却 EGR 的端子针脚及电路图如图 4-62 所示。

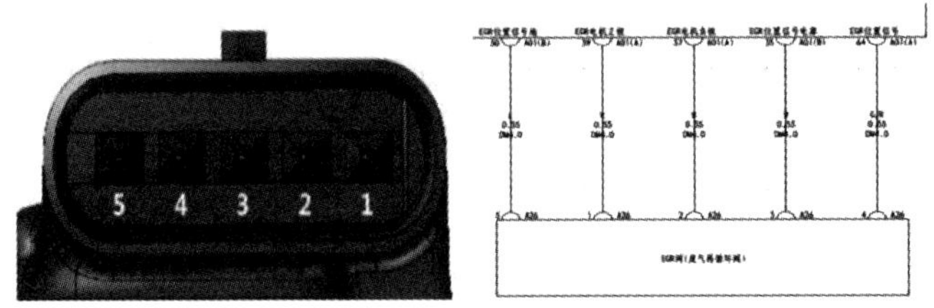

图 4-62　冷却 EGR 的端子针脚及电路图

针脚定义如表 4-37 所示。

表 4-37　电子冷却 EGR 的针脚定义

引脚号	端口名称	端口定义
1	电机正极	13.5 V
2	电机负极	接地
3	位置信号电源	5 V
4	位置信号	/
5	位置信号地	接地

（3）判断方法。

①检查低压插头卡片，是否有松动、破损现象。

②拔下线束插头，检查针脚不应有生锈、歪斜等现象。

③检查线束插接母端不应存在端子扩孔、退针、线束裸露或断开的情况。

④测量电磁阀/温度传感器电压、阻值是否正常，线束是否正常；电磁阀阻值：1、2 端子之间，约为 2.6 Ω。温度传感器 20 ℃时额定电阻为 11.41 kΩ～12.9 kΩ。

⑤进入发动机控制器—元件动作测试—冷却 EGR 电磁阀控制，确认是否可以正常驱动冷却 EGR 电磁阀工作。

以上：如确认线束正常，电源接地正常，VDS 无法驱动电子 EGR 电磁阀工作，则为电磁阀故障。

任务实施

任务工单一　发动机点火系统检查及维修

一、车辆基本信息记录

品牌		整车型号		生产日期	
发动机型号		发动机排量		行驶里程	
驱动电机型号		驱动电机类型		额定功率	
动力电池型号		动力电池编码		额定容量	
车辆识别码					

二、安全护具、拆装工具、考试场地检查

安全护具	个人护具（安全帽、绝缘手套、绝缘鞋、护目镜）	工具、设备	维修工具128件套装、专用绝缘工具组
	车辆护具（5件套）		高压绝缘工具及防护组套
警示标志	禁止类和警告类标识牌	场地检测	绝缘安全性检查

三、发动机点火系统检查

检查项目	检查情况				检查结果
故障码	历史故障码		现存故障码		异常　正常
数据流	点火提前角		点火时间		异常　正常

四、发动机点火线圈检查

检查项目	检查情况		检查结果
外观		异常　正常	更换　调整　紧固　无
电阻		异常　正常	更换　调整　紧固　无

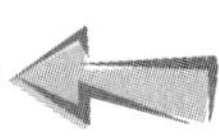

五、发动机火花塞检查

检查项目	检查情况		检查结果
外观		异常　正常	更换　调整　紧固　无
间隙		异常　正常	更换　调整　紧固　无

六、查阅维修手册，按照标准流程完点火线圈及火花塞的更换

作业项目			维修资料		
点火线圈更换	点火线圈紧固规格		点火线圈电阻		异常　正常
火花塞更换	火花塞紧固规格		火花塞间隙		异常　正常

七、评价

通过对发动机点火系统检查及维修的学习，结合所学知识和实训内容，填写自我评价、小组评价及教师评价表。

	自我评价			小组评价			教师评价		
	10—9	8—6	5—1	10—9	8—6	5—1	10—9	8—6	5—1
	占总评 10%			占总评 40%			占总评 50%		
总评									

任务工单二　混合动力车辆油液的检查与维护

一、车辆基本信息记录

品牌		整车型号		生产日期	
发动机型号		发动机排量		行驶里程	
驱动电机型号		驱动电机类型		额定功率	
动力电池型号		动力电池编码		额定容量	
车辆识别码					

二、安全护具、拆装工具、考试场地检查

<table>
<tr><td rowspan="2">安全护具</td><td>个人护具（安全帽、绝缘手套、绝缘鞋、护目镜）</td><td rowspan="2">工具、设备</td><td>维修工具 128 件套装、专用绝缘工具组</td></tr>
<tr><td>车辆护具（5 件套）</td><td>高压绝缘工具及防护组套</td></tr>
<tr><td>警示标志</td><td>禁止类和警告类标识牌</td><td>场地检测</td><td>绝缘安全性检查</td></tr>
</table>

三、检查混合动力发动机油水，记录相关数据

检查项目	液位检查情况	检查结果	检测项目	检测数据	结果
机油	太低　太高　正常	正常　异常	机油油质		正常　异常
发动机冷却液	太低　太高　正常	正常　异常	发动机冷却液冰点		正常　异常

四、混合动力发动机油水泄漏检查

检查项目	泄漏检查情况	泄漏部件名称	维修措施
机油	泄漏　正常		更换　调整　紧固　无
冷却液	泄漏　正常		更换　调整　紧固　无

五、按照作业标准流程完成冷却系统的检查和维护，并记录相关信息

<table>
<tr><td>作业项目</td><td colspan="4">维修资料</td></tr>
<tr><td rowspan="2">机油更换</td><td>机油容量</td><td></td><td>机油型号</td><td></td></tr>
<tr><td>油底壳放油塞紧固规格</td><td></td><td>机油滤清器紧固规格</td><td></td></tr>
<tr><td rowspan="2">冷却液更换</td><td>冷却液容量</td><td></td><td>冷却液型号</td><td></td></tr>
<tr><td>冷却液放水堵紧固规格</td><td></td><td>冷却液冰点</td><td></td></tr>
</table>

六、评价

通过对混合动力车辆油液的检查与维护的学习，结合所学知识和实训内容，填写自我

评价、小组评价及教师评价表。

<table>
<tr><td rowspan="3"></td><td colspan="3">自我评价</td><td colspan="3">小组评价</td><td colspan="3">教师评价</td></tr>
<tr><td>10—9</td><td>8—6</td><td>5—1</td><td>10—9</td><td>8—6</td><td>5—1</td><td>10—9</td><td>8—6</td><td>5—1</td></tr>
<tr><td colspan="3">占总评 10%</td><td colspan="3">占总评 40%</td><td colspan="3">占总评 50%</td></tr>
<tr><td>总评</td><td colspan="9"></td></tr>
</table>

任务工单三　混合动力发动机的传感器的测量及维修

一、车辆基本信息记录

品牌		整车型号		生产日期	
发动机型号		发动机排量		行驶里程	
驱动电机型号		驱动电机类型		额定功率	
动力电池型号		动力电池编码		额定容量	
车辆识别码					

二、安全护具、拆装工具、考试场地检查

<table>
<tr><td rowspan="2">安全护具</td><td>个人护具（安全帽、绝缘手套、绝缘鞋、护目镜）</td><td rowspan="2">工具、设备</td><td>维修工具 128 件套装、专用绝缘工具组</td></tr>
<tr><td>车辆护具（5 件套）</td><td>高压绝缘工具及防护组套</td></tr>
<tr><td>警示标志</td><td>禁止类和警告类标识牌</td><td>场地检测</td><td>绝缘安全性检查</td></tr>
</table>

三、读取发动机故障码

<table>
<tr><td>检查项目</td><td colspan="4">检查情况</td><td>检查结果</td></tr>
<tr><td>故障码</td><td>历史故障码</td><td></td><td>现存故障码</td><td></td><td>异常　正常</td></tr>
</table>

四、调取传感器的数据流

检查项目	标准值	测量值	检查结果
			异常　正常
			异常　正常
			异常　正常
			异常　正常
			异常　正常
			异常　正常

五、评价

通过对混合动力发动机的传感器的测量及维修的学习，结合所学知识和实训内容，填写自我评价、小组评价及教师评价表。

	自我评价			小组评价			教师评价		
	10－9	8－6	5－1	10－9	8－6	5－1	10－9	8－6	5－1
	占总评 10%			占总评 40%			占总评 50%		
总评									

任务工单四　混合动力发动机的故障诊断与排除

一、车辆基本信息记录

品牌		整车型号		生产日期	
发动机型号		发动机排量		行驶里程	
驱动电机型号		驱动电机类型		额定功率	
动力电池型号		动力电池编码		额定容量	
车辆识别码					

二、安全护具、拆装工具、考试场地检查

<table>
<tr><td rowspan="2">安全护具</td><td>个人护具（安全帽、绝缘手套、绝缘鞋、护目镜）</td><td rowspan="2">工具、设备</td><td>维修工具 128 件套装、专用绝缘工具组</td></tr>
<tr><td>车辆护具（5 件套）</td><td>高压绝缘工具及防护组套</td></tr>
<tr><td>警示标志</td><td>禁止类和警告类标识牌</td><td>场地检测</td><td>绝缘安全性检查</td></tr>
</table>

三、故障现象

<table>
<tr><td></td></tr>
<tr><td></td></tr>
<tr><td></td></tr>
<tr><td></td></tr>
</table>

四、读取故障码

<table>
<tr><td>检查项目</td><td colspan="4">检查情况</td><td>检查结果</td></tr>
<tr><td>故障码</td><td>历史故障码</td><td></td><td>现存故障码</td><td></td><td>异常　正常</td></tr>
</table>

五、查找维修手册，摘抄电路图并分析工作原理

<table>
<tr><td>电路图</td><td></td></tr>
<tr><td rowspan="3">工作原理</td><td></td></tr>
<tr><td></td></tr>
<tr><td></td></tr>
</table>

六、故障的原因分析

七、故障排除，根据故障分析进行检查，记录异常项

检查项目	检查情况	维修措施
		更换　调整　紧固　无
		更换　调整　紧固　无
		更换　调整　紧固　无
		更换　调整　紧固　无
		更换　调整　紧固　无

故障点确认：________________

八、评价

通过对混合动力发动机的故障诊断与排除的学习，结合所学知识和实训内容，填写自我评价、小组评价及教师评价表。

	自我评价			小组评价			教师评价		
	10—9	8—6	5—1	10—9	8—6	5—1	10—9	8—6	5—1
	占总评 10%			占总评 40%			占总评 50%		
总评									

项目五　新能源汽车总线控制

任务一　CAN 总线

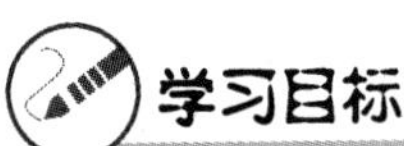

1. 掌握汽车车载网络系统的基本概念；
2. 掌握传统汽车及新能源汽车车载网络的故障诊断；
3. 能够正确测量各 CAN 总线网络的终端电阻。
4. 能够正确测量 CAN 总线 CAN-H 和 CAN-L 的电压值。

知识准备

一、数据总线

1. 车载网络系统的产生

据统计，一辆采用传统布线方法的高挡汽车中，其导线长度可达 2000 米，电气节点达 1500 个，而且，该数字大约每十年增长 1 倍，从而加剧了粗大的线束与汽车有限的可用空间之间的矛盾。无论从材料成本上看还是从工作效率上看，传统布线方法都将不能适应汽车的发展。

2. 车载网络的发展

从 1980 年起，汽车内开始装用网络。1983 年，丰田公司在世纪牌汽车上最早采用了应用总线的车门控制系统，实现了多个节点的连接通信。此系统采用了集中控制方法，车身 ECU 对各个车门的门锁、电动玻璃窗进行控制。

1986～1989 年，在车身系统上装有了利用铜线的网络。1987 年，作为集中型控制系统，日产公司的车门相关系统、GM 公司的车灯控制系统已处于批量生产的阶段。

在这段时期内，德国的 Bosch 公司提出了汽车车载局域网（LAN）的基本协议，该协议即为控制器局域网（Controller Area Network），简称为 CAN。目前控制系统局域网中应用最广的标准就是 CAN。

3. 车载网络的发展趋势

（1）网络控制技术向高速、实时和容错方向发展。

（2）网络向多媒体、高带宽方向发展未来汽车网络将是一个多媒体、高带宽的网络。

（3）网络协议逐渐统一。

4. 车载网络的分类与应用

（1）SAE 的分类。

如表 5-1 所示为车载网络的 SAE 分类方式。

表 5-1　车载网络的 SAE 分类

网络分类	对象	位传输速率	应用场合
A	面向传感器/执行器控制的低速网络	1～10 Kbps	主要应用于电动门窗、座椅调节、灯光照明等控制
B	面向独立模块间数据共享的中速网络	10～125 Kbps	主要应用于电子车辆信息中心、故障诊断、仪表显示、安全气囊等系统，以减少冗余传感器和其他电子部件
C	面向高速、实时闭环控制的多路传输网	125 Kbps～1 Mbps	主要用于悬架控制、牵引控制、先进发动机控制、ABS 等系统，以简化分布式控制和进一步减少车身线束

（2）按应用领域分类

如图 5-1 所示为按应用领域分类的车载网络。

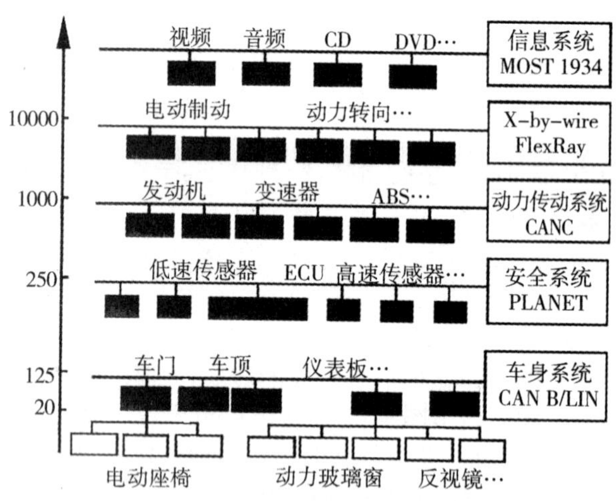

图 5-1　按应用领域分类车载网络

二、CAN 总线

1. CAN 总线概述

控制器局域网（Controller Area Network，简称 CAN）广泛应用于汽车工业、航天工业等领域，是目前最有前途的现场总线之一。CAN 总线是德国 Bosch 公司为解决现代汽车中众多的控制与测试仪器之间的数据交换而开发的一种串行数据通信协议。它是一种多主总线，通信介质可以是双绞线、同轴电缆或光纤。CAN 协议采用通信数据块进行编码，取代了传统的站地址编码，使网络内的节点数在理论上不受限制。由于 CAN 总线具有较强的纠错能力，支持差分收发，因而适合高干扰环境，并具有较远的传输距离。

2. CAN 总线特性

(1) CAN 是一种有效支持分布式控制和实时控制的串行通信网络。

(2) CAN 协议遵循 ISO/OSI 参考模型，采用了其中的物理层、数据链路层和应用层。

(3) CAN 可以多主方式工作，网络上任意一个节点均可在任意时刻主动地向网络上的其他节点发送信息而不分主从，节点之间有优先级之分，因而通信方式灵活；CAN 采用非破坏性逐位仲裁技术，优先级发送，节省了总线冲突仲裁时间，在重负载下性能良好；CAN 可以点对点、一点对多点（成组）及全局广播等方式传送和接收数据。

(4) CAN 的直接通信距离最远可达 10000 m（传输速率为 5 Kbit/s）；最高通信速率可达 1 Mbit/s（传输距离为 40 m）。

(5) CAN 上的节点数可达 110 个。

(6) CAN 数据链路层采用短帧结构，每一帧为 8 个字节，易于纠错；CAN 每帧信息都有 CRC（Cyclic Redundancy Check，循环冗校核）校验及其他检错措施，有效地降低了数据的错误率；CAN 节点在错误严重的情况下，具有自动关闭功能，使总线上其他节点不受影响。

(7) 信号调制解调方式采用不归零（NRZ）编码/解码方式，并采用插入填充位技术。

(8) 数据位具有显性“0”（Dominant bit）和隐性“1”（Recessive bit）两种逻辑值，采用时钟同步技术，具有硬件自同步和定时时间自动跟踪功能。

三、CAN 总线协议

CAN 总线标准只规定了物理层和数据链路层，需要用户自定义应用层。不同的 CAN 标准仅物理层不同。

CAN 收发器负责逻辑电平和物理信号之间的转换，如图 5-2 所示。

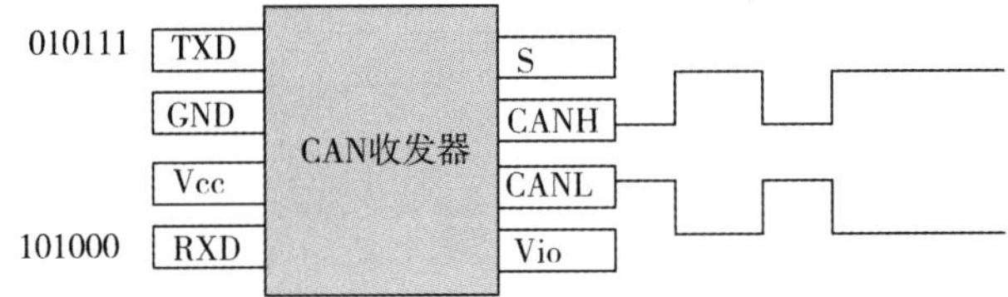

图 5-2　CAN 收发器

将逻辑信号转换成物理信号（差分电平），或者将物理信号转换成逻辑电平。

CAN 标准有两个，即 ISO11898 和 ISO11519，两者差分电平特性不同，如图 5-3、图 5-4、图 5-5 所示。

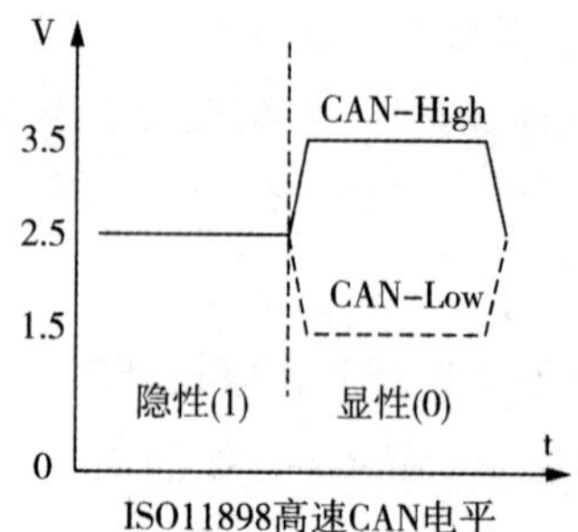

图 5-3 高速 CAN 电平

高低电平幅度低，对应的传输速度快；

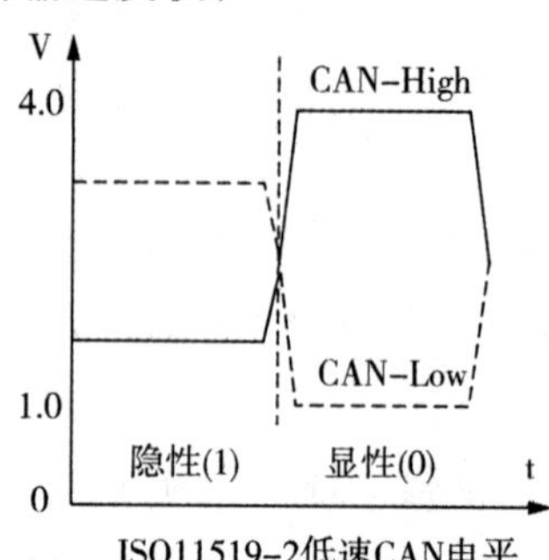

图 5-4 低速 CAN 电平

物理层	ISO1188		ISO11519－2	
电平	显性	隐性	显性	隐性
CAH-H/V	3.50	3.00	4.00	1.75
CAH-H/V	1.50	3.00	1.00	3.25
电位差/V	2.00	0	3.00	－1.50

图 5-5 CAN 的电平

CAN 总线利用双绞线共模消除干扰，是因为电平同时变化，电压差不变。CAN 的传输速度与距离成反比，如图 5-6 所示。

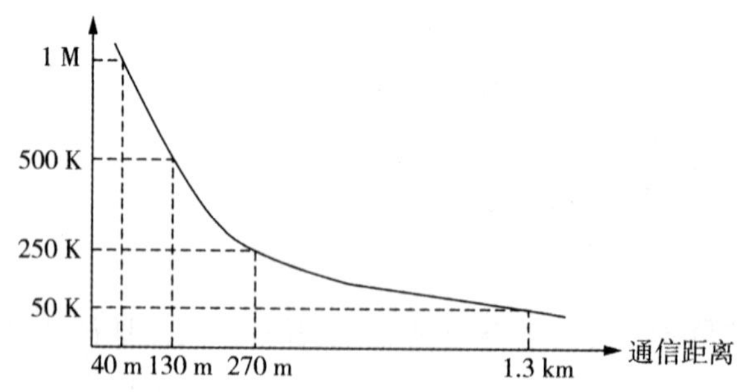

图 5-6 CAN 的传输速度与距离关系

四、网关

1. 网关功能

网关是网络系统中最重要的组件，其功能如下：

（1）不同网段的信息交换。

不同的网段可通过网关进行连接，从而实现不同网段间的信息交换。网段的信息速率既可以相同，也可以不同。

由于不同区域 CAN 总线的速率和识别代号不同，因此一个信号要从一个总线区域进入另一个总线区域，就必须改变其识别信号和速率，从而让另一个系统接受，这个任务由网关来完成。

（2）改变信息的优先级。

网关具有改变信息优先级的功能。例如，车辆发生相撞事故，气囊控制单元会发出负加速度传感器的信号，这个信号的优先级在驱动系统非常高；转到舒适系统后，网关就会调低它的优先级，因为它在舒适系统的功能只是打开门和灯

（3）降低网络的节点数总线时，增加电控单元在网数量。

没有网关时，全车的电控单元通信采用一套 CAN 总线时，网络的节点数（电控单元数）会受到限制。当网络节点数较多时，可采用网关将一个节点数多的 CAN 网分为两个节点数少的 CAN 网，从而形成两个或更多个网段。

2. 网段

以往的燃油汽车从降低网络成本和某些控制单元的数据信息刷新率低两个角度，其网络通常由三个网段组成，分别是动力系统、车身控制系统、音响娱乐系统。动力系统采用高速 CAN 通信，车身控制系统及音响娱乐系统采用低速 CAN 通信。这里的高速 CAN 通常指通信速率高于 125 Kbps 的网络，如 250 Kbps、500 Kbps；低速 CAN 是指通信速率于等于 125 Kbps 的网络，如 125 Kbps、64 Kbps、50 Kbps 等。

电动汽车是近几年才进入大批量生产的，500 Kbps 速率的 CAN 总线应用得（即全车 CAN 采用 500 Kbps 通信速率），这时采用不同网段可避免一个网段承受过多的控制器。

五、CAN 总线电阻

1. 总线终端电阻的原则

（1）终端电阻 120 Ω。

终端电阻是指网络两端双绞线距离最远的两个控制单元内的电阻，这两个电阻起主要作用，终端电阻通常为 120 Ω。

（2）端电阻大阻值。

端电阻是指两端电阻之间的控制单元内部的电阻，在几千欧姆到几十千欧姆之间，对

总线的总电阻起次要作用。通常，两个终端控制单元中有一个是网关。

(3) 总线总电阻 60 Ω 原则。

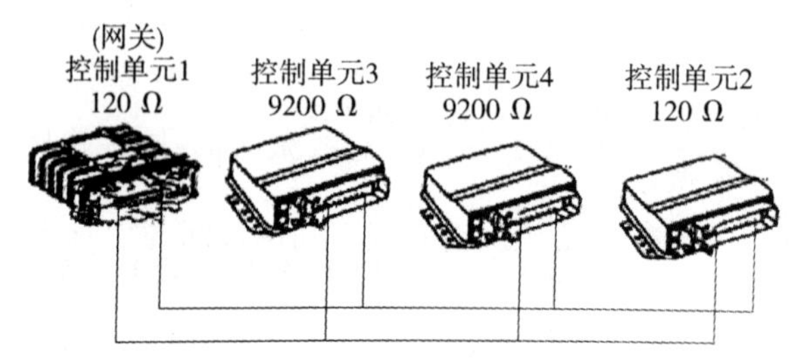

图 5-7　总线终端电阻原则

如图 5-7 所示，控制单元 1、2、3、4 内部的硬件结构相同，这里若把控制单元 1 作为网关，控制单元 1 网关的终端电阻 R_1 为 120 Ω，则空间距离控制单元 1（网关）最远的控制单元 2 的终端电阻 R_2，也应为 120 Ω ，因为总线电阻大小是有要求的，即一个网段所有控制单元终端电阻并联为 60 Ω ，两个 120 Ω 的电阻并联后为 60 Ω ，为了接入控制单元 3、4，控制单元 3、4 的终端电阻 R_3、R_4 就要大得多，以致不影响设计对于所有控制单元终端电阻并联为 60 Ω 的要求。

2. 终端电阻的测量

断开电源等待至少 5 min，待 CAN 网络上的控制器内的电容元件放电完毕，测量动力总线的总电阻值约为 60 Ω（测量点既可选择在 OBD 接口上，也可断开一个非终端的控制器，从这个控制器的线束端测量）说明总线的两线上脱开。说明总线的两个远端终端控制器并没有从总线上脱开。

若测得总线电阻值为 120 Ω，则说明有一个终端控制器从总线上脱开了，要将终端控制器恢复至 CAN 网络上。

六、CAN 总线诊断与检修

1. CAN 总线自诊断

与 CAN 总线系统相关的 ECU 工作状态描述：

连接在 CAN 总线上的 ECU 的工作状态很大程度上决定了 CAN 总线的使用情况，并且 ECU 工作状态之间的切换涉及信息列表中各信息的优先级设置、总线的唤醒策略、故障排除与自修复等问题。在该系统中，ECU 的工作状态分为上电诊断状态、正常工作状态、休眠状态、总线关闭状态、掉电状态、调试及编程状态。

(1) 上电诊断状态。ECU 上电后，应有一个初始化过程。在完成本模块的初始化后发送网络初始化信息，同时监听其他节点的网络初始化信息。通过网络初始化信息的交换 ECU 判断整个网络是否完成初始化过程，能否进入正常工作状态。

(2) 正常工作状态。在正常工作状态下，ECU 之间通过 CAN 总线进行通信，以实现

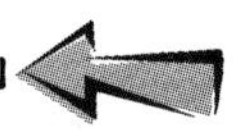

传感器测量数据的共享、控制指令的发送和接收等。当休眠条件满足时，ECU从正常工作状态转入休眠状态；当CAN模块故障计数器的计数值为255时，ECU从正常工作状态转入线关闭状态。

(3) 休眠状态。休眠状态下，ECU及其模块处于低功耗模式。一旦接收到本地唤醒信号（本地触发信号）或远程唤醒信号（CAN总线激活信号），就从休眠状态转入正常工作状态，其间需要使用网络初始化信息。

(4) 总线关闭状态。处于总线关闭状态的ECU延迟一段时间后，复位CAN模块，然后重新建立与CAN总线的连接。若连续几次都无法正常通信，则ECU尝试将通信转移到备用总线上。若转移成功，则发送主总线故障信息。

(5) 掉电状态。关闭电源时，ECU所处的状态为掉电状态

(6) 调试及编程状态。调试及编程状态用于调试及系统软件升级

2. CAN双线式总线系统的检测方法

在检查数据总线系统前，需保证所有与数据总线相连的控制单元均无功能故障。功能故障是指不会直接影响数据总线系统，但会影响某一系统的功能流程的故障。例如，传感器损坏，其结果就是传感器信号不能通过数据总线传递，这种故障会影响需要该传感器信号的控制单元的通信，对数据总线系统有间接影响。如果存在功能故障，应先排除该故障，记录下该故障并消除所有控制单元的故障代码。

排除所有功能故障后，如果控制单元间的数据传递仍不正常，则应检查数据总线系统。检查数据总线系统故障时，可采用以下两种方法。

(1) 两个控制单元组成的双线式数据总线系统的检测。

检测时，关闭点火开关，断开两个控制单元，如图5-8所示，检查数据总线是否断路、短路或对正极/搭铁短路。如果数据总线无故障，就拆下较易更换（或较便宜）的一个控制单元试一下；如果数据总线系统仍不能正常工作，则更换另一个控制单元。

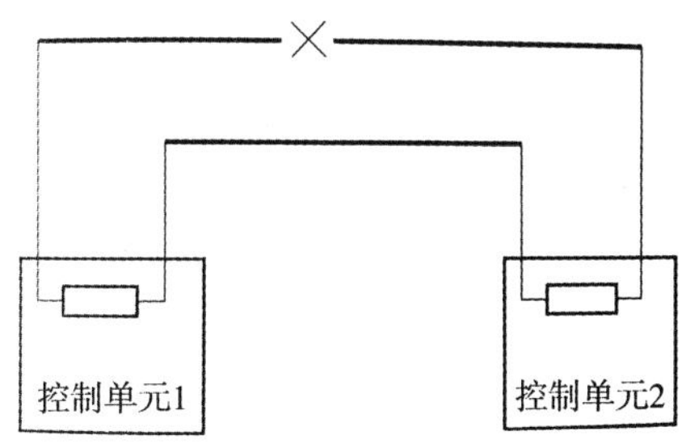

图5-8　两个控制单元组成的双线式数据总线系统的检测

(2) 三个以上控制单元组成的双线式数据总线系统的检测。

检测时，先读出控制单元内的故障代码。如果控制单元1与控制单元2、控制单元3之间无法通信，如图5-9所示，则关闭点火开关，断开与总线相连的控制单元，检查数据

总线是否断路。如果总线无故障，则更换控制单元 1。如果所有控制单元均不能发送和接收信号（故障存储器存储“硬件故障”），则关闭点火开关，断开与数据总线相连的控制单元，检测数据总线是否短路，是否对正极/搭铁短路。

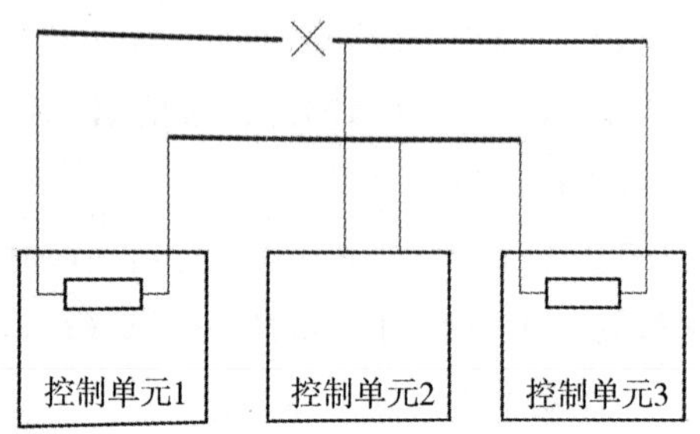

图 5-9　三个以上控制单元组成的双线式数据总线系统的检测

如果从数据总线上查不出引起硬件损坏的原因，则检查是否由某一控制单元引起的故障。断开所有通过 CAN 数据总线传递数据的控制单元，关闭点火开关，接上其中一个控制单元（早期还可连接 VAG 1551 或 VAG 1552，现在要用 VAS 5051），打开点火开关，清除刚接上的控制单元的故障代码。用诊断仪的功能 06 结束输出，关闭并再打开点火开关。打开点火开关 10 s 后，用故障诊断仪读出刚接的控制单元故障存储器内的内容。如果显示“硬件损坏”，则更换刚接上的控制单元；如未显示“硬件损坏”，则需接上下一个控制单元，重复上述过程。

3. 总线睡眠和唤醒

（1）总线睡眠。

睡眠模式仅存在于舒适总线和信息总线。在车辆落锁 35 s 后，或不锁车但没有任何操 10 min 后，则进入睡眠模式。睡眠模式高线电压为 0 V，低线电压为 12 V。睡眠模式电流 6 mA～8 mA（非睡眠模式电流为 700 mA）。

（2）总线激活。

控制单元 15 号线断电后的总线维持激活功能：控制单元外部的 15 号线供电后，激活总线控制器开始工作，但 15 号线断电后，并不直接控制控制器停止工作。因为在 15 号线断电关闭后，有些控制单元仍然需要交换信息，所以设计上在控制单元内部用 30 号线常电继续激活“控制单元内部”的 15 号线（也称虚 15 号线），以保证断电后信息能正常传递。再激活功能的时间为 10 s～15 min（即点火开关关闭后各控制器之间再通信的时间）。

4. 睡眠和唤醒模式的监控

当舒适和信息娱乐总线处于空闲状态时，控制单元发出睡眠命令；当网关监控到所有总线都有睡眠的要求时，进入睡眠模式。此时，CAN-H 为 0 V，CAN-L 为 12 V。如果动力总线仍处于信息传递过程中，则舒适和娱乐信息总线不被允许进入睡眠状态；当舒适总线处于信息传递的过程中时，娱乐和信息总线也不能进入睡眠模式。当某一个信息激活相应的总线后，控制单元会激活其他总线系统。

任务二　LIN 总线

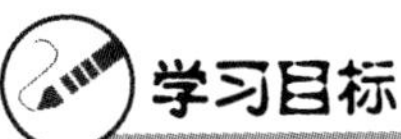

1. 掌握 LIN 总线基本概念、组成结构、数据传输原理；
2. 掌握 LIN 总线和 CAN 总线的区别；
3. 能够正确测量各 LIN 总线的电压信号。
4. 能够正确诊断 LIN 总线的故障。

知识准备

一、LIN 总线概述

LIN（Local Interconnect Network）是一种低成本的串行通信网络，用于实现汽车中的分布式电子系统控制，LIN 的目标是为现有汽车网络（例如 CAN 总线）提供辅助功能。因此，LIN 总线是一种辅助的总线网络，适用于不需要 CAN 总线的带宽和多功能的场合，比如在智能传感器和制动装置之间的通讯。

LIN 实现了一种具有成本效益的智能传感器和执行器的通信方式。这种通信是基于串行通信接口（SCI）数据格式、单宿主/多从概念、一根 12 V 总线和没有稳定时间基的节点的时钟同步。低端多路通讯的汽车标准不久前才出现，采用这个标准，汽车制造商及其供应商能以非常经济的方式创建、实现和处理复杂的分层化多路复用系统。

LIN 相对于 CAN 的成本节省主要是由于采用单线传输、硅片中硬件或软件的低实现成本和无须在从属节点中使用石英或陶瓷谐振器。这些优点是以较低的带宽和受局限的单宿主总线访问方法为代价的。

二、LIN 网络的结构

LIN 网络由一个主节点和多个从节点组成，如图 5-10 所示。

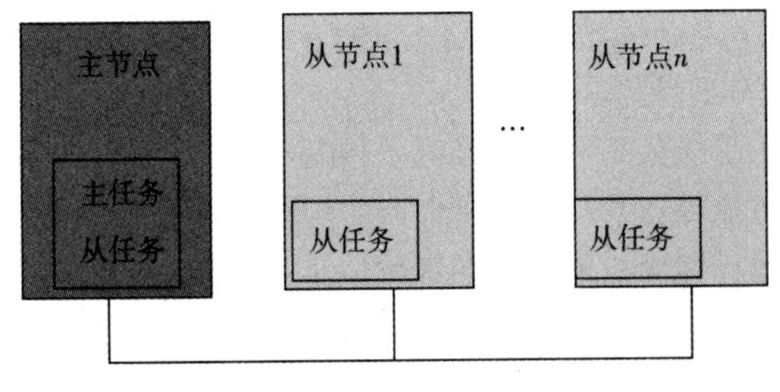

图 5-10　LIN 网络结构

除了宿主节点的命名之外，LIN 网络中的节点不使用有关系统设置的任何信息。我们可以在不要求其他从属节点改变硬件和软件的情况下向 LIN 中增加节点。

LIN 节点拥有线路接口（LIN 标准）以便同其他 LIN 电控单元之间处理信息数据。还有一部分是协议控制器（集成在微控制器中），如图 5-11 所示。

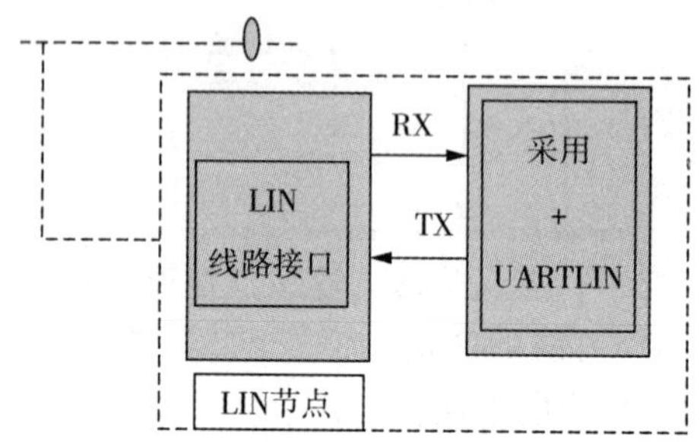

图 5-11　LIN 节点结构

LIN 包含一个宿主节点和一个或多个从属节点。所有节点都包含一个被分解为发送和接收任务的从属通信任务，而宿主节点还包含一个附加的宿主发送任务。在实时 LIN 中，通信总是由宿主任务发起的。

LIN 总线是单线，通过从电池正极 V_{bat} 的端接电阻向导线或总线供电。总线收发器是 ISO 9141 标准的一个增强实现。该总线可以采用两个互补的逻辑电平：接近于地的电压显性值（dominant value）表示逻辑“0”，电压接近于电池供电电压的隐性值（recessive value）表示逻辑“1”。

三、LIN 数据传输

LIN 总线中数据借助报文帧来传输。报文帧由报文头和响应组成。报文头只能由主机任务发送，它包括同步间隔场、同步场和标识符场三个部分。同步间隔场为至少 13 个连续的显性位（低电平），它标志着一个报文帧的开始。

标识符指出当前帧的内容，从机节点据此来确定自己是否应该对当前帧做出响应、做出何种响应。一个完整的报文帧如图 5-12 所示。

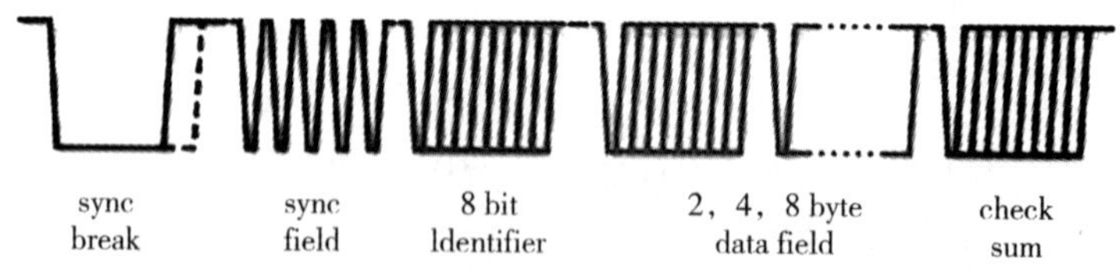

图 5-12　报文帧

LIN 从机向主机传输数据、LIN 主机向两个或两个以上的从机发送数据、从机和从机之间传输数据，整个过程在主机的协调下进行。

现以车门 LIN 网络为例介绍 LIN 总线设计的一般方法，如图 5-13 所示。

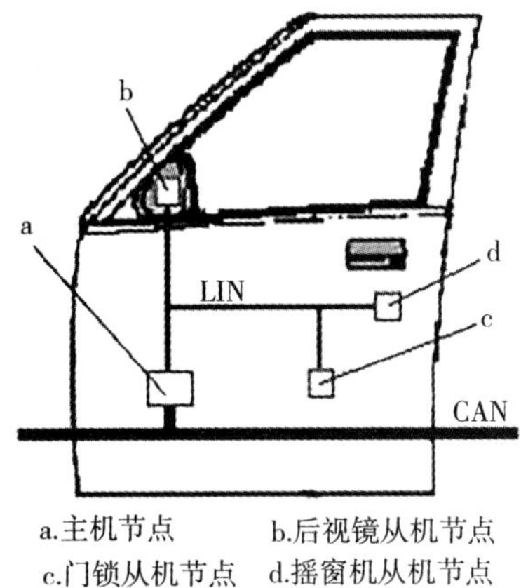

图 5-13 车门 LIN 网络

车门控制 LIN 网络的主机节点和从机节点如图 5-14、图 5-15 所示。该网络由主机节点、后视镜从机节点、摇窗机从机节点、门锁从机节点等构成。

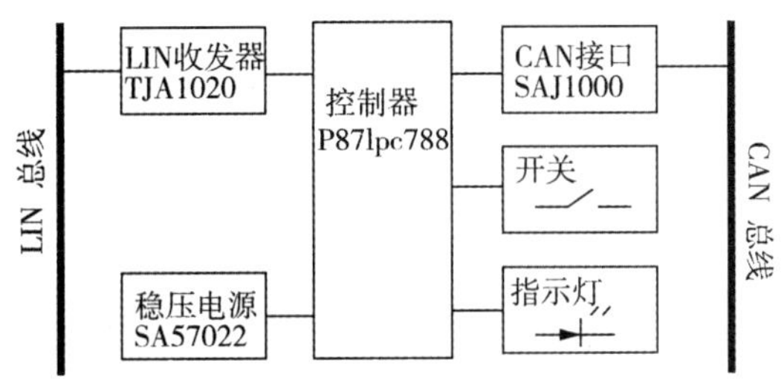

图 5-14 车门控制 LIN 网络的主机节点

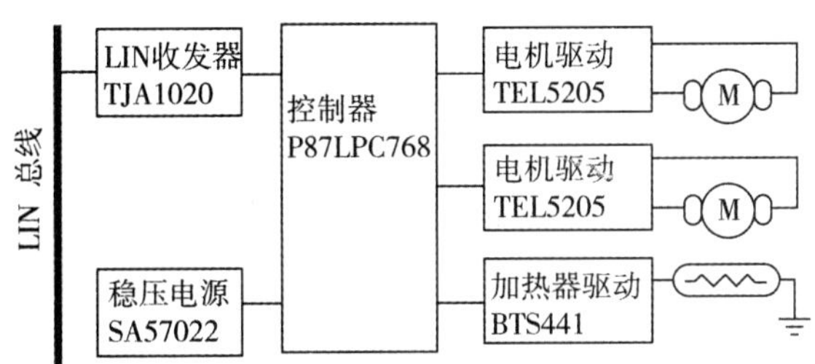

图 5-15 车门控制 LIN 网络的从机节点

主机节点主要由控制器、电源、控制按钮、LIN 接口、CAN 接口和指示灯等几部分组成。

后视镜从机节点主要由控制器、电源、LIN 接口、执行器驱动单元和执行器（如后视镜调整电机、除霜加热器）等组成。

主机节点采集本地各控制开关的状态并接受 CAN 总线上的远程信息，据此产生控制指令，并将指令转换为 LIN 报文帧通过 LIN 网络发送给相应的从机节点，从机节点接收到与自己相关的报文帧后对报文帧进行拆封、解读，然后根据获得的指令控制相应的执行器动作，从而实现对车门各部件的控制。同时，在需要时从机节点分别将其控制部件所处状态反馈给主机节点，主机节点再将该状态信息通过指示灯或喇叭提供给驾驶员或通过

CAN 总线发送给其他控制单元。主机节点也作为本 LIN 网络与上层 CAN 网络连接的网关。

汽车信息通信的多样化促进了汽车分级制网络的产生和发展。LIN 作为一种性能优异、价格低廉的新型 A 类总线，必将进一步促进汽车分级制网络结构的实施和完善，推动汽车技术的发展。

任务三 MOST 总线

1. 掌握 MOST 总线的基本概念、组成结构、数据传输原理；
2. 掌握 MOST 总线的环形结构；
3. 能够正确测量 MOST 总线的信号。
4. 能够正确诊断 MOST 总线的故障。

知识准备

虽然目前已有许多种车用电子的传控接口，如 LIN Bus、CAN Bus、FlexRay 等，但这些传控接口的传输速率表现都无法满足车用多媒体信息的运载传输之需，其中 LIN Bus 只有 20 Kbps，CAN Bus 只有 1 Mbps，FlexRay 一般而言也只有 10 Mbps，双线并用才能达 20 Mbps，这些都不足以用来传递实时性的多媒体信息。

随着车内娱乐系统的发展、传控技术的精进（如：倒车后方视讯画面），车用电子愈来愈需要使用多媒体式传输，最适合此方面的传输接口就属 MOST。

一、MOST 发展概述

MOST（Media Oriented System Transport 面向媒体的系统传输）传控网络（也可称：传控接口）的发展可追溯到 1997 年，MOST 的技术概念来自当时 MOST Cooperation 公司所发起的一项非正式合作，到了 1998 年该公司以之前的合作为基础，结合 17 家国际级的汽车制造商与超过 50 家的关键汽车组件供应商

二、MOST 五大特性

1. MOST 在制订上完全合乎 ISO/OSI 的 7 层数据通信协议参考模型，其在网线连接上采用环状拓扑，不过在更具严苛要求的传控应用上，MOST 也允许改采星状（亦称放射状）或双环状的连接组态，此外每套 MOST 传控网络允许最多达 64 个的装置（节点）连接。

2. MOST 也支持即插即用（Plug and Play；PnP）机制，如此就可在 MOST 传控网

络运作时直接加插装置或移除装置，增加扩充、维修及使用等各方面的便利性。

3. MOST 总线基于环形拓扑，从而允许共享多个发送和接收器的数据。MOST 总线主控器（通常位于汽车音响主机处）有助于数据采集，所以该网络可支持多个主拓扑结构，在一个网络上最多高达 64 个主设备。为了确保数据安全，总线主控器在上电时将查询总线上的每一台从设备并且完成自动密钥交换。如果从设备有一个有效的总线密钥，那么允许它使用预定的协议发送和接收 MOST 总线上的数据。

4. MOST 的总数据传输率为 24.8 Mbps，这是将音视讯的串流资料与封包传控资料一并列计的数据，在 24.8 Mbps 的频宽中还可区隔成 60 个传输信道、15 个 MPEG-1 的视讯编码信道，这些可由传控设计者再进行组态、规划与调配。

5. 值得一提的是，MOST 不仅是在线路材质上节省成本，使用塑料光纤只是其一，传输方面也因为采用同步方式而不需要设置“收发缓冲”及进行“取样率转换”，这一样有助于成本节省。

三、MOST 的应用

在车载多媒体影音娱乐系统中，海量的视频和音频数据是由 MOST 总线来传输的，而 CAN 总线只能用来传输控制信号，如图 5-16 所示。

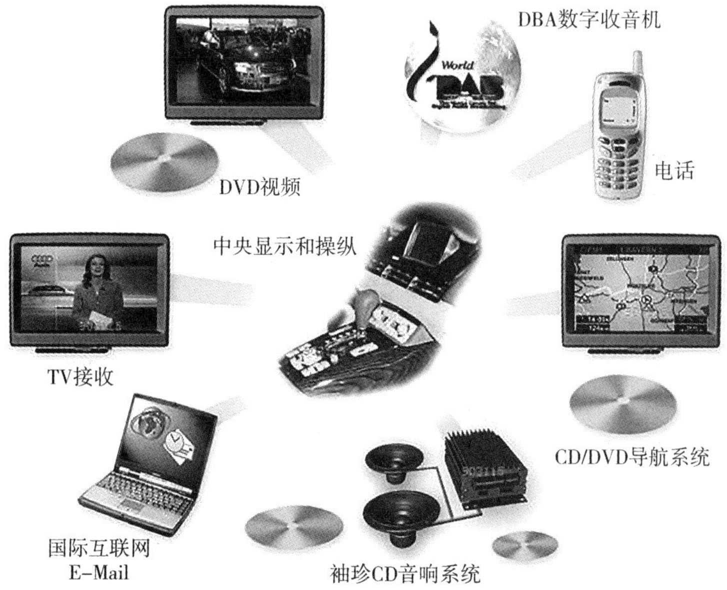

图 5-16　车载多媒体影音娱乐系统

MOST 系统可连接汽车音响系统、视频导航系统、车载电视、高保真音频放大器、车载电话、多碟 CD 播放器等模块，其数据传输速率最高可达 22.5 Mbit/s，而且没有电磁干扰。

四、MOST 的组成与系统状态

MOST 总线系统采用环形拓扑结构。控制单元通过光导纤维沿环形方向将数据发送到下一个控制单元。这个过程一直在持续进行，直至首先发出数据的控制单元又接收到这些数据为止。可以通过数据总线自诊断接口和诊断 CAN 总线来对 MOST 系统进行故障诊断。

在 MOST 总线中，每个终端设备（节点、控制单元）在一个具有环形结构的网络中通过光导纤维环相互连接。

五、MOST 总线系统状态

1. 休眠模式

如图 5-17 所示为 MOST 总线系统休眠模式。

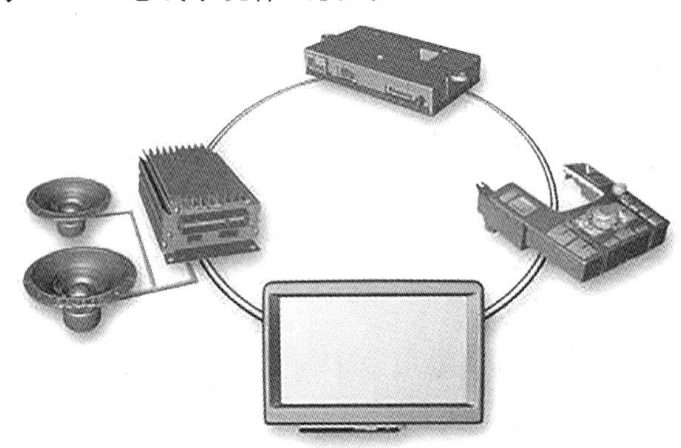

图 5-17　MOST 总线系统休眠模式

处于休眠模式时，MOST 总线内没有数据交换，静态电流降至最小值，系统处于待命状态，只能由系统管理器发出的光波启动脉冲来激活。

2. 备用模式

MOST 总线系统处于备用模式时，无法为用户提供任何服务，但这时 MOST 总线系统仍在后台运行，如图 5-18 所示。

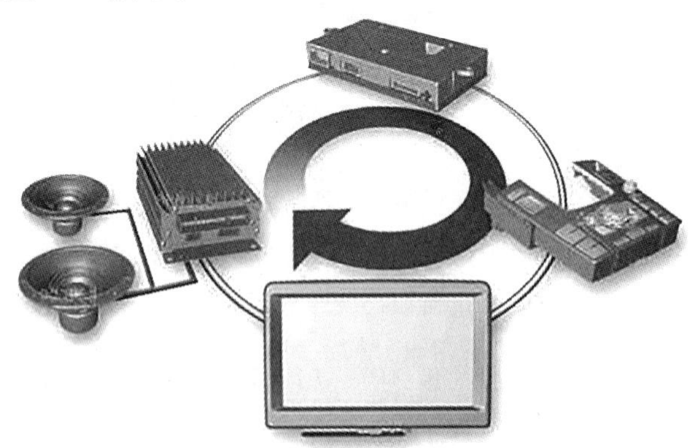

图 5-18　MOST 总线系统备用模式

3. 通电工作模式

如图 5-19 所示为 MOST 总线系统通电工作模式。

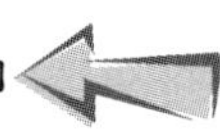

图 5-19　MOST 总线系统通电工作模式

MOST 总线系统处于通电工作模式时，控制单元完全接通，MOST 总线上有数据交换，用户可使用影音娱乐、通信、导航等所有功能。

任务四　FlexRay 总线

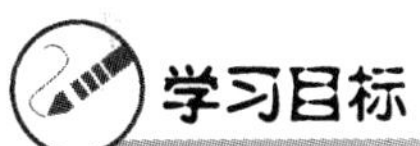

1. 掌握 FlexRay 总线的基本概念、组成结构、数据传输原理；
2. 掌握 FlexRay 总线的终端电阻原则；
3. 能够正确测量 FlexRay 总线的信号；
4. 能够正确诊断 FlexRay 总线的故障。

知识准备

一、FlexRay 总线原理

现在大多数汽车中的控制器件、传感器和执行器之间的数据交换，主要是通过 CAN 网进行的。然而，新的 X-by-wire 系统设计思想的出现，导致车辆系统对信息传送速度，尤其是故障容错与时间确定性的要求不断增加。FlxRay 通过在确定的时间槽中传递信息，以及在两个通道上的故障容错和冗余信息的传送，满足了这些新增加的要求。

1. FlexRay 和 CAN 的区别

(1) 波特率：CAN 总线速率最高为 1 Mbps；FlexRay 总线速率最高为 10 Mbps，也可以在 2.5 Mbps 或 5 Mbps 的低数据率下工作。

(2) 一个节点的通道数量：CAN 只有 1 个通道（一条双绞线）；FlexRay 有 2 个通道

（两对双绞线）或 1 个通道（一条双绞线），实际上一个通道现在就够用，优选一个通道。

（3）网络技术：CAN 为被动型，若有控制单元有故障，将影响其他单元运行；FlexRay 为主动型，故障控制单元一旦发现故障将主动退出，不再上线，不影响其他单元运行。

（4）最多节点：CAN 为总线型或星型，500 Kbps 时最多可有 16 个节点，FlexRay 总线型可有 22 个节点，而采用星型或混合型时最多可有 64 个节点。

（5）物理层：CAN 仅能为金属双绞线；FlexRay 则可为金属双绞线或 POF（光纤）。

（6）通信：CAN 为事件触发，只有需要时才访问总线。CAN 访问总线所需的时间与是否满载有关；到达时间不知，所用的网络可能过载。FlexRay 为时间触发加上事件触发。FlexRay 访问网络的时刻是固定的，每次访问网络的时间也是固定的，即到达时间已知，备有带宽，无须用到具备的冗余通信能力可实现通过硬件完全复制网络配置，并进行进度监测。

（7）ID 位：CAN 的标识符为 11 位或 29 位；FlexRay 的为 11 位。

（8）数据长度数（DLC）：CAN 数据区最多为 8 字节，数据来自同一个控制单元；FlexRay 为 256 字节，数据来自不同的控制单元。

（9）帧：CAN 有数据、远程、错误、过载，网络故障可通过错误识别出的 FlexRay 只有数据帧，每个接收器自行检查收到的帧是否正确（如 CRC 检查）。但有些有缺陷，这是 FlexRay 的不足之处。

（10）网络管理：CAN 为软件管理；FlexRay 通过 BG 总线监控器、BD 线驱动器硬件管理。

（11）网络同步：CAN 只有同步段；FlexRay 可以进行速度和偏移量补偿。

（12）允许传输距离：CAN 在 1 Mbps 时为 40 m；FlexRay 在一个星型或两个星型之为 22 m。

（13）仲裁判优：CAN 优先级高的信息将优先级低的信息“覆盖”；FlexRay 没有仲裁，若两个控制单元同时发送，将造成通信故障，但这种情况只在有故障时才出现。

（14）在确认方面：CAN 接收器要确认接收到一个有效的：FlexRay 无确认，接收器接收不到帧是否正确的信息。

（15）两线名称：CAN 总线中称两为 CAN-H，CAN-L；FlexRay 数据传输线绞线 BP（Bus Plus，总线正）、BM（Bus Minus，总线负）。

2. FlexRay 的工作原理

为了实现功能的同步和通过两条信息间的短距离来优化带宽，该通信网络中的分布件都装有一个共同的时基（即全局时间）。为了时钟同步，同步信息是在周期的静态段始传输的。通过增添一个特殊的算法，部件的本地时钟被修正为所有本地时钟都和全局钟同步。

3. 主动型网络

FlexRay 是主动型网络，一旦控制单元有故障，则有故障控制单元可退出上网，从而保证其余网络控制单元的网络工作正常。

4. FlexRay 的网络节点的结构

FlexRay 的网络节点由主处理器、FlexRay 通信控制器、总线监控器（可选）、总线驱动器组成。主处理器提供和产生数据，并通过 FlexRay 通信控制器传送出去。总线驱动器连接 FlexRay 通信控制器和总线，或连接总线监控器和总线。主处理器把 FlexRay 通信控制器分配的时间槽通知给总线监控器，然后总线监控器允许 FlexRay 通信控制器在这些时间槽中传输数据。数据可以在任何时候被接收。

二、FlexRay 总线检修

1. FlexRay 总线终端电阻原则

终端电阻是网络两端双绞线距离最远的两个控制单元内的电阻，这两个电阻起主要作用，两者之间的控制单元内电阻为几千欧，对总线的总电阻起次要作用，这个控制单元称为高阻控制单元。通常，在两个终端控制单元中必有一个是网关控制单元。FlexRay 总线电阻如图 5-20 所示。

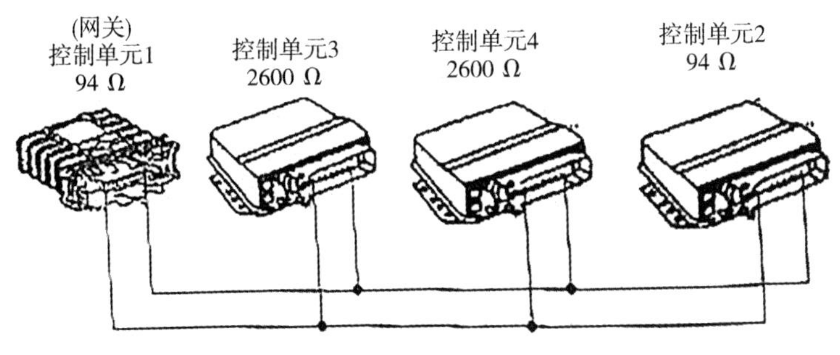

图 5-20　FlexRay 总线

2. FlexRay 总线终端电阻测量

断开电源等待至少 5 min，拆下相对应的控制单元，测量终端电阻的阻值为 94 Ω，高控制单元应在 2600 Ω，测量网络的总电阻值应在 47 Ω。

3. FlexRay 总线脉冲

如图 5-21 所示为 FlexRay 总线脉冲，BP 为总线正，BM 为总线负。

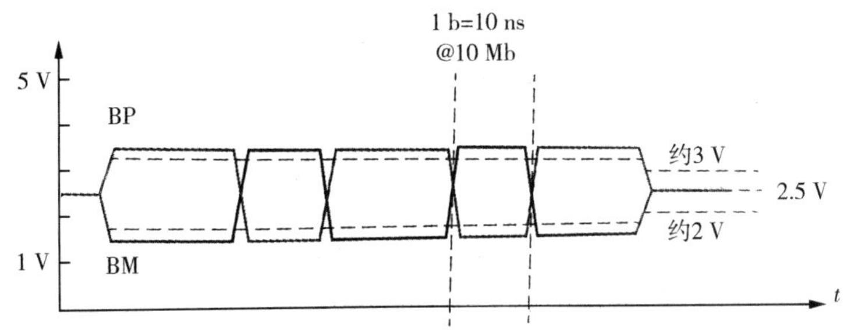

图 5-21　FlexRay 总线脉冲

空闲：BP 和 BM 都取 2 V～3 V 之间的同一个值，即两线电压差（BP－BM）为 0 V；

数据 1：两线电压差（BP－BM）为正的 400 mV～600 mV。

数据 0：两线电压差（BP－BM）为负的 400 mV～600 mV。

4. FlexRay 总线的维修

BP 线和 BM 线的长度相差不能超过 10 mm，否则将导致 BP 和 BM 的波形不完全对称，这是由于线中信号延迟造成的。

修理时，使用横截面面积为 0.35 mm 的双芯护套电缆 1 和电缆 2 作为 FlexRay 电缆。维修时电缆的两根芯的长度必须完全吻合。如果要绞合电缆 1 和电缆 2，则必须满足绞距 30 mm。如果导线未绞合，则线段不得大于 50 mm。剥除护套的电缆长度最长为100 mm。维修位置需用适当措施排除环境影响。这里需要将一个带有收缩软管和内粘胶的卷边连接器放到未扭转的维修位置上，并将一根防水绝缘带缠绕在剥去外皮的电缆上。

三、CAN 总线检测与维修

此处以比亚迪唐车型为例讲解 CAN 总线的故障维修方法。

1. 故障形式

CAN 总线故障形式主要有 CAN-High 和 CAN-Low 短路、CAN-High 对正极短路、CAN-High 对地短路、CAN-High 断路、CAN-Low 对正极短路、CAN-Low 对地短路和 CAN-Low 断路七种故障。

2. 故障代码

CAN 总线使用三种类型的 DTC，见表 5-2。

表 5-2　CAN 总线使用的三种类型的 DTC

DTC 类型	功能说明
内部错误 DTC	各 ECU 执行内部检查，如果其中一个发现内部 ECU 问题，则它会提出一个内部错误 DTC，指示该 ECU 需要更换
失去通信 DTC	失去通信 DTC（和总线关闭 DTC）是在 ECU 之间的通信出现问题时提出的，问题可能出在连接、导线或 ECU 本身上
信号错误 DTC	各 ECU 对某些输入回路执行诊断测试，以确定此回路功能是否正常（无断路或短路）。如果一个回路未通过诊断测试，则会相应设置一个 DTC（注意：并非所有输入都检测是否有错误）

3. 诊断方法

CAN 线是否正常，一般可以通过在诊断口测量 CAN-High 和 CAN-Low 的电阻来判断。

（1）如果通过测量，电阻值在 60 Ω～70 Ω 之间，则 CAN 主线可以正常通信。

(2) 如果无限大，表明断路，可继续拆下终端电阻模块，单独测量 CAN-High 和 CAN-Low 的电阻，应为 120 Ω 左右。

(3) 如果无限小，则表明短路，可断开 CAN 各模块，做初步判定。

(4) CAN-High 和 CAN-Low 的对地电阻：若其中一根与车身导通，说明该线短路。

(5) 测量 CAN-High 和 CAN-Low 的对地电压。正常情况下，应该测试 CAN 网隐性电压。

CAN-High/Low 的对地电压在 2.5 V，如果为 0 V，则表明对地短路；如果大于正常值，则可能对电源短路。

4. 波形测量

运用示波器可以同时测量 CAN-High 和 CAN-Low 的波形，示波器的两个通道，分别接入 CAN-High 和 CAN-Low 线路，这样在同一界面下同时显示 CAN-High 和 CAN-Low 的同步波形，能很直观地分析系统出现哪些问题。

5. 电阻测量

总线终端电阻可以用万用表进行测量：

(1) 拆下蓄电池的电源线。

(2) 等待约 5 min，直到所有的电容器充分放电。

(3) 连接万用表至 DLC 接口测量电阻值。

(4) 将网关 CAN 插头拔下，检测总的阻值是否发生变化。

(5) 把网关 CAN 插头插好，再将终端电阻模块 CAN 插头拔下。

(6) 检测总的阻值是否发生变化，并分析测量结果。

由于带有终端电阻的两个控制单元是相连的，所以两个终端电阻是并联的。当测量的结果为每一个终端电阻大约 120 Ω，而总值为 60 Ω 时，可以判断连接电阻是正常的，但是终端电阻不一定就是 120 Ω，其相应的阻值依赖于总线的结构。如果在总的阻值测量后，将一个带有终端电阻的控制单元插头拔下，显示阻值发生变化，这是测量的一个控制单元的终端电阻阻值。当在一个带有终端电阻的控制单元插头拔下后测量的阻值没有发生变化，则说明系统中存在问题，可能是被拔下的控制单元终端电阻损坏或是 CAN-BUS 出现断路。如果在拔下控制单元后显示的阻值变化无穷大，则可能是连接中的控制单元终端电阻损坏，或是到该控制单元的 CAN-BUS 出现故障。

6. 电压测量，如表 5-3 所示

表 5-3 电压测量

连接端子	线色	测试条件	正常值
CAN-H-车身地	P	始终	2.5 V～3.5 V
CAN-L-车身地	V	始终	1.5 V～2.5 V

任务实施

任务工单一　比亚迪混合动力汽车参考维修手册绘制整车网关拓扑图并标注网络类型

一、车辆基本信息记录

品牌		整车型号		生产日期	
发动机型号		发动机排量		行驶里程	
驱动电机型号		驱动电机类型		额定功率	
动力电池型号		动力电池编码		额定容量	
车辆识别码					

二、工具、设备、场地准备

工具、设备	新能源汽车维修数据资源库	场地准备、绝缘性检测	场地警示、绝缘安全性检查

三、整车域名称

	根据车型框图填写方框中的域名称
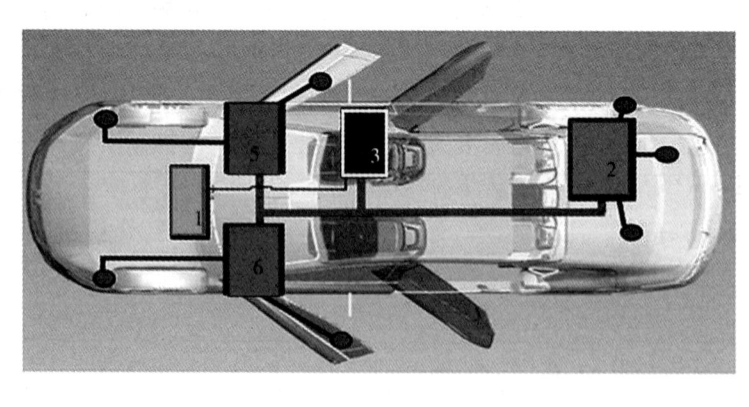	1. 2. 3. 5. 6.

四、根据维修手册或数据资料填写完整 EV—秦 PLUS 网络拓扑结构图

<table>
<tr><td>将网络方框填写完整（提示：分别包括底盘网、能量网、车身网、智能进入网）</td><td colspan="2">模块位置及编码</td></tr>
<tr><td rowspan="14">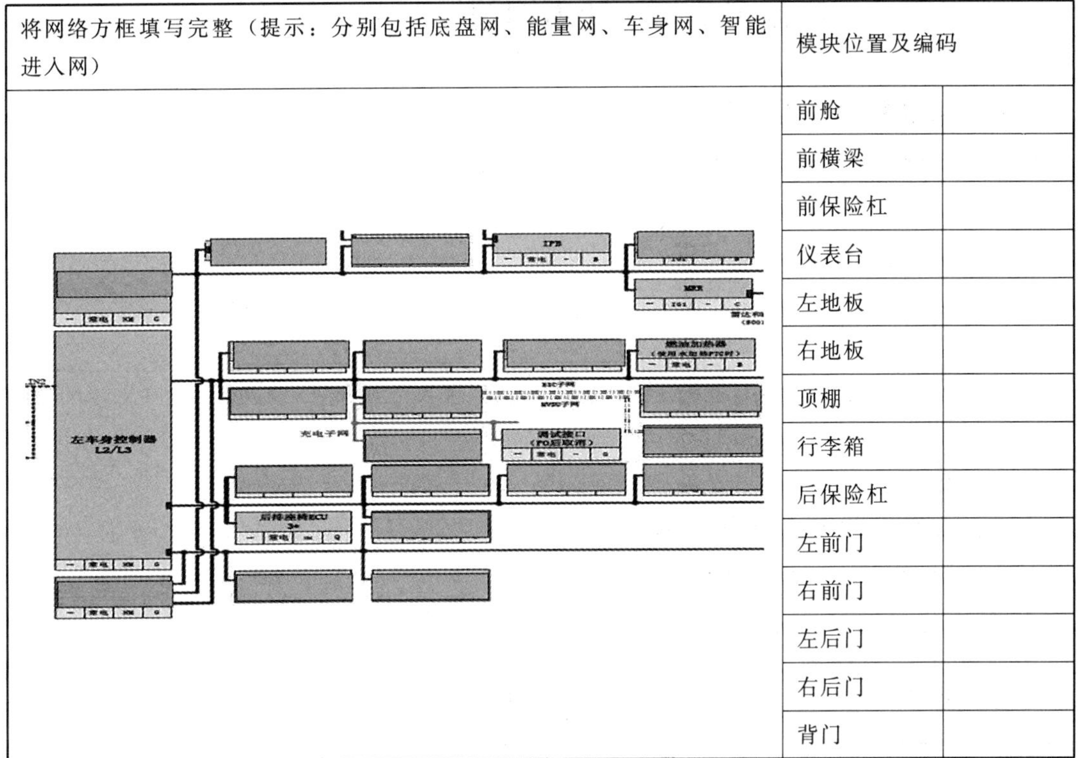
</td><td>前舱</td><td></td></tr>
<tr><td>前横梁</td><td></td></tr>
<tr><td>前保险杠</td><td></td></tr>
<tr><td>仪表台</td><td></td></tr>
<tr><td>左地板</td><td></td></tr>
<tr><td>右地板</td><td></td></tr>
<tr><td>顶棚</td><td></td></tr>
<tr><td>行李箱</td><td></td></tr>
<tr><td>后保险杠</td><td></td></tr>
<tr><td>左前门</td><td></td></tr>
<tr><td>右前门</td><td></td></tr>
<tr><td>左后门</td><td></td></tr>
<tr><td>右后门</td><td></td></tr>
<tr><td>背门</td><td></td></tr>
</table>

五、评价

通过对整车网关的学习，结合所学知识和实训内容，填写自我评价、小组评价及教师评价表。

<table>
<tr><td rowspan="3"></td><td colspan="3">自我评价</td><td colspan="3">小组评价</td><td colspan="3">教师评价</td></tr>
<tr><td>10—9</td><td>8—6</td><td>5—1</td><td>10—9</td><td>8—6</td><td>5—1</td><td>10—9</td><td>8—6</td><td>5—1</td></tr>
<tr><td colspan="3">占总评 10%</td><td colspan="3">占总评 40%</td><td colspan="3">占总评 50%</td></tr>
<tr><td>总评</td><td colspan="9"></td></tr>
</table>

任务工单二　动力网关控制系统检测

一、车辆基本信息记录

品牌		整车型号		生产日期	
发动机型号		发动机排量		行驶里程	
驱动电机型号		驱动电机类型		额定功率	
动力电池型号		动力电池编码		额定容量	
车辆识别码					

二、工具、设备、场地准备

工具、设备	新能源汽车维修数据资源库	场地准备、绝缘性检测	场地警示、绝缘安全性检查

三、查询维修手册发动机控制模块网关拓扑图并绘制

四、动力模块CAN总线

<table>
<tr><td rowspan="2">终端电阻</td><td>电路编号</td><td></td><td>CAN总线终端电阻值测量（断开）</td><td></td></tr>
<tr><td>CAN总线端电阻值测量</td><td></td><td>端电阻判断</td><td>正常　异常</td></tr>
<tr><td rowspan="8">网关波形检测及绘制</td><td>波形采集插接器代号/针脚</td><td></td><td>与控制模块针脚是否导通</td><td>正常　异常</td></tr>
<tr><td>电路图页码</td><td></td><td>信号波形类型</td><td>CAN波形</td></tr>
<tr><td>检测通道</td><td></td><td colspan="2">波形绘制</td></tr>
<tr><td>检测工况</td><td>ON　怠速/上电</td><td colspan="2" rowspan="5"></td></tr>
<tr><td>每格电压</td><td></td></tr>
<tr><td>最大信号电压值</td><td></td></tr>
<tr><td>周期</td><td></td></tr>
<tr><td>波形判断</td><td></td></tr>
</table>

五、评价

通过对动力网关控制系统检测的学习，结合所学知识和实训内容，填写自我评价、小组评价及教师评价表。

<table>
<tr><td rowspan="3"></td><td colspan="3">自我评价</td><td colspan="3">小组评价</td><td colspan="3">教师评价</td></tr>
<tr><td>10—9</td><td>8—6</td><td>5—1</td><td>10—9</td><td>8—6</td><td>5—1</td><td>10—9</td><td>8—6</td><td>5—1</td></tr>
<tr><td colspan="3">占总评10%</td><td colspan="3">占总评40%</td><td colspan="3">占总评50%</td></tr>
<tr><td>总评</td><td colspan="9"></td></tr>
</table>

任务工单三　娱乐网关故障诊断与排除

一、车辆基本信息记录

品牌		整车型号		生产日期	
发动机型号		发动机排量		行驶里程	
驱动电机型号		驱动电机类型		额定功率	
动力电池型号		动力电池编码		额定容量	
车辆识别码					

二、工具、设备、场地准备

工具、设备	新能源汽车维修数据资源库	场地准备、绝缘性检测	场地警示、绝缘安全性检查

三、故障现象

四、读取故障码

检查项目	检查情况				检查结果
故障码	历史故障码		现存故障码		异常　正常

五、查找维修手册，摘抄电路图并分析工作原理

电路图	
工作原理	

六、故障的原因分析

七、故障排除，根据故障分析进行检查，记录异常项

检查项目	检查情况	维修措施
		更换 调整 紧固 无
		更换 调整 紧固 无
		更换 调整 紧固 无
		更换 调整 紧固 无
		更换 调整 紧固 无

异常项目波形记录

网关波形检测及绘制1	波形采集插接器代号/针脚		与控制模块针脚是否导通	正常 异常
	电路图页码		信号波形类型	波形
	检测通道		波形绘制	
	检测工况	ON 怠速/上电		
	每格电压			
	最大信号电压值			
	周期			
	波形判断			
网关波形检测及绘制2	波形采集插接器代号/针脚		与控制模块针脚是否导通	正常 异常
	电路图页码		信号波形类型	波形
	检测通道		波形绘制	
	检测工况	ON 怠速/上电		
	每格电压			
	最大信号电压值			
	周期			
	波形判断			

故障点确认：________________________________

八、评价

通过对娱乐网关故障诊断与排除的学习，结合所学知识和实训内容，填写自我评价、小组评价及教师评价表。

	自我评价			小组评价			教师评价		
	10—9	8—6	5—1	10—9	8—6	5—1	10—9	8—6	5—1
	占总评 10%			占总评 40%			占总评 50%		
总评									

项目六　整车电源管理系统

任务一　电源管理系统认知

学习目标

1. 了解 BMS 动力电池控制的系统架构；
2. 掌握 BMS 动力电池控制的系统电路识读及高压上电原理。

知识准备

一、BMS 动力电池控制系统

动力电池控制系统 BMS 是保证动力电池正常使用、行车安全、完整数据采集和提高动力电池使用寿命的一个关键部分。它能提升动力电池的工作性能，预防个别单体电池的早期损坏，并具有保护和警告作用。动力电池控制系统 BMS 作为动力电池和整车控制器 VCU 以及驾驶者沟通的桥梁，通过控制高压继电器的动作来控制动力电池充放电，并向整车控制器 VCU 上报动力电池的运行参数和故障信息。

动力电池控制系统 BMS 按性质不同，分为硬件和软件两部分；按功能划分，则分为数据采集单元和控制单元。BMS 的硬件部分主要有主板、从板及高压盒，还包括采集电压、电流、温度等数据的电子元器件；软件部分主要是用来监测电池的电压、电流、SOC 值、绝缘电阻值、温度值等。BMS 通过与 VCU、充电机的通信，来控制动力电池的充放电。

BMS 架构如图 6-1 所示。

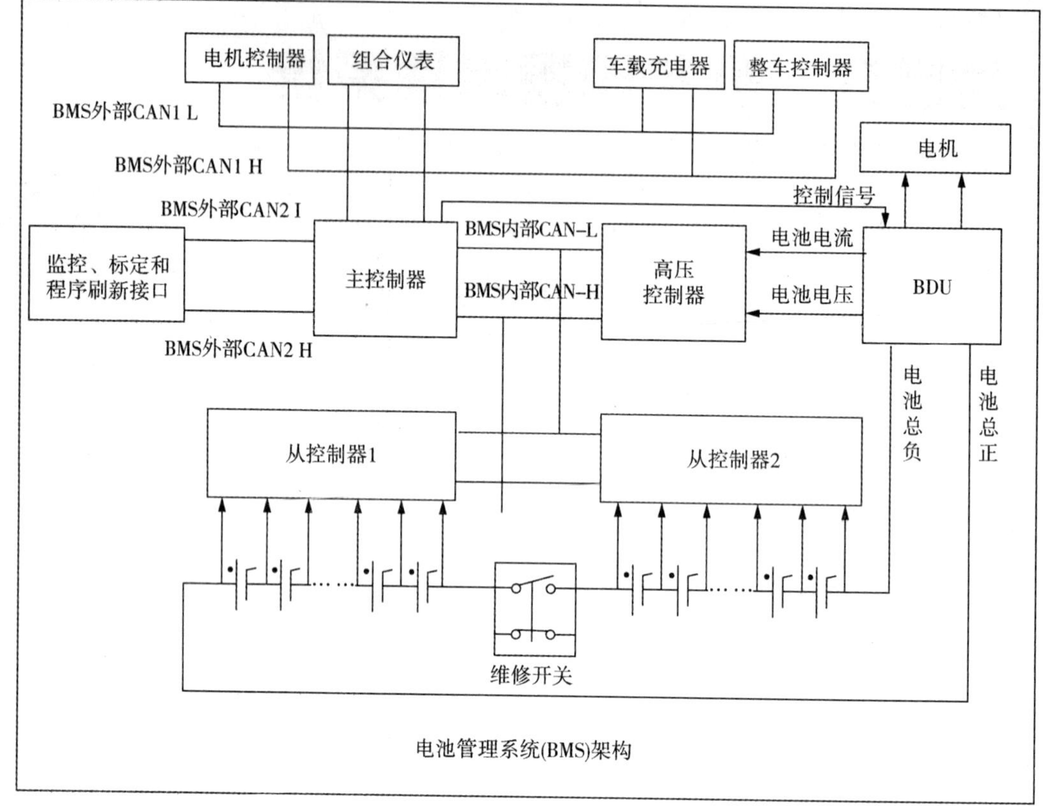

图 6-1　BMS 架构

新能源汽车使用的动力电池普遍具备容量大，串并联节数多，电压高，电流大，系统复杂，安全性、耐久性、动力性要求高等特点。动力电池安全工作区域受温度、电压、电流等条件限制，工作参数一旦超过限定范围，动力电池性能就会急剧衰减、动力下降，甚至会引发安全问题。

二、BMS 动力电池控制系统功能

一般而言，电动汽车电池管理系统要实现以下几个功能：

1. 准确估测动力电池组的荷电状态

准确估测动力电池组的荷电状态（State Of Charge，即 SOC），即电池剩余电量，保证 SOC 维持在合理的范围内，防止由于过充电或过放电对电池造成损伤，从而随时预报混合动力汽车储能电池还剩余多少能量或者储能电池的荷电状态。

2. 动态监测动力电池组的工作状态

在电池充放电过程中，实时采集电动汽车动力电池组中的每块电池的端电压和温度、充放电电流及电池包总电压，防止电池发生过充电或过放电现象。同时能够及时给出电池状况，挑选出有问题的电池，保持整组电池运行的可靠性和高效性，使剩余电量估计模型的实现成为可能。除此以外，还要建立每块电池的使用历史档案，为进一步优化和开发新型电、充电器、电动机等提供资料，为离线分析系统故障提供依据。

3．单体电池、电池组间的均衡

即在单体电池、电池组间进行均衡，使电池组中各个电池都达到均衡一致的状态。电池均衡一般分为主动均衡、被动均衡。目前已投入市场的 BMS，大多采用的是被动均衡。均衡技术是目前世界正在致力于研究与开发的一项电池能量管理系统的关键技术。

三、BMS 动力电池控制系统电路识读及高压上电原理

新能源汽车的动力电池在高压上电时有一个比较复杂的过程，传统燃油汽车只需要将点火开关置于“START”位置，通过一个继电器就可以接通全车主要用电设备的供电电路，在这一过程中，也无须进行相关电路的安全检测。而新能源汽车从将点火开关置于“START”位置，到仪表盘显示“READY”状态，在这个过程中，其高压系统经历了一系列的内部自检与控制过程，这一过程即为新能源汽车动力电池高压上电原理，如图 6-2 所示。

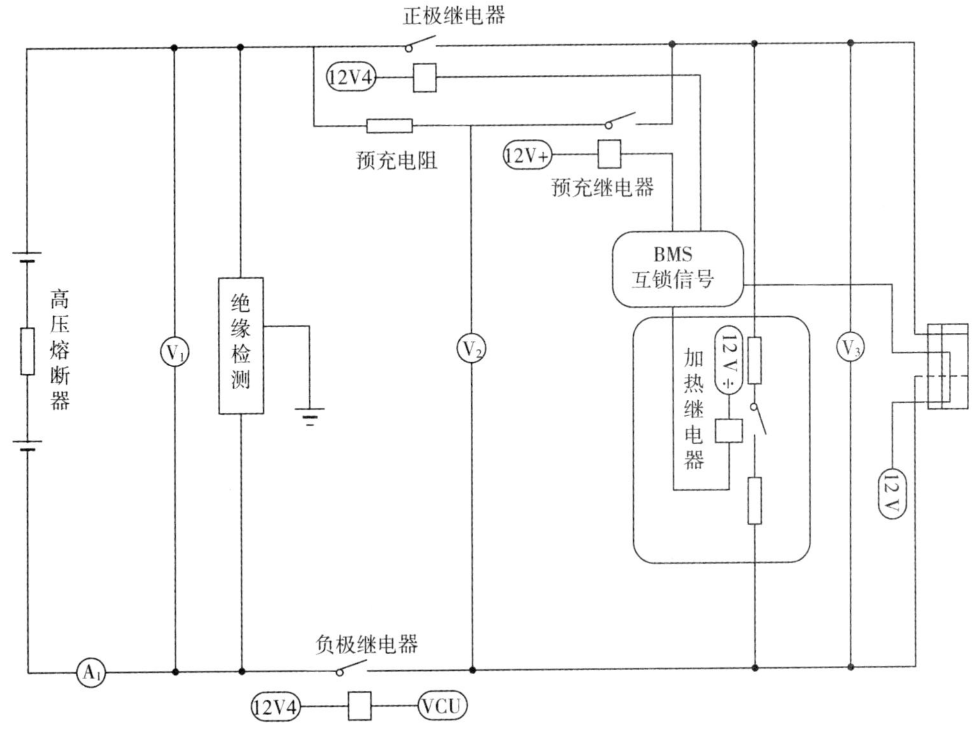

图 6-2　动力电池高压上电原理

新能源汽车高压系统采用基于 STATE 机制的动力电池上下电控制策略。根据外部输入信号，由整车控制器 VCU 发送工作模式，可分为远程模式、行车模式、慢充模式和快充模式四种。高压上电时，通过电压监测点 V_1、V_2、V_3 来判断和控制上电过程，如图6-3 所示。

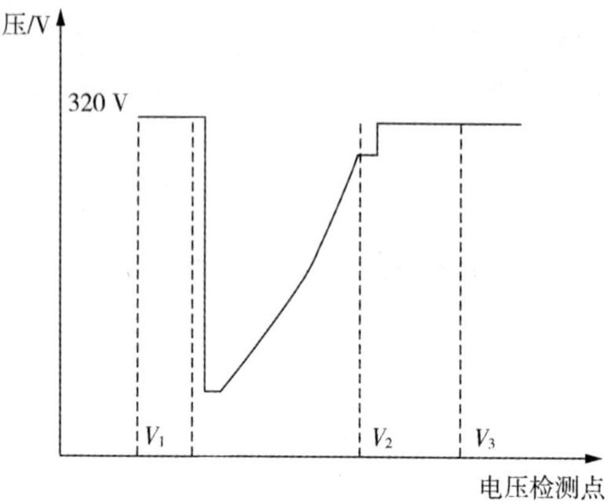

图 6-3 高压上电策略

1. 低压上电

(1) BMS 判断 VCU 输出的“wake up”唤醒信号为高电位，BMS 被唤醒。

(2) BMS 判断整车 STATE 为新能源低压供电或新能源低压自检、慢充或快充，且 VCU 输出的“wake up”信号为高电位，BMS 开始初始化。

(3) BMS 检测外围输入输出接口数据，读取动力电池中存储的可用容量、SOC、故障信息、巡检单体电池状态、巡检温度、MSD 检测、电池绝缘检测、$V_1/V_2/V_3$ 及总电压检测、负极主继电器粘连检测、正极及预充继电器粘连检测、动力电池高压互锁检测等。

2. 高压上电

(1) 低压系统上电完成后，BMS 进行动力电池总电压 V_1 检测。若 V_1 电压低于10 V，则系统判定手动维修开关 MSD 断路或主熔断器断路。

(2) 若 V_1 无故障，BMS 将闭合主负继电器，然后进行 V_2 检测，BMS 通过检测 V_1 与 V_2 的差值来判断该上电过程是否正常。如果预充继电器闭合 750 ms 后，V_1 与 V_2 的差值大于 15 V。或 V_2 电压小于 V_1 电压的 95%，则 BMS 上报“预充电未完成”故障。

(3) 若预充阶段正常，则 BMS 闭合主正继电器，20 ms 后断开预充继电器，之后上报“预充电完成”。然后系统进行 V_3 参数检测，数值正常后，通过 VBU 点亮仪表盘 READY 灯。

3. 预充功能

新能源汽车驱动电机控制器负载前端都有较大的电容，在冷启动时，电容上无电荷或只有很低的残留电压。当无须预充电过程时，主继电器直接与电容接通，此时动力电池的高压电直接作用到负载电容上，相当于瞬间短路，继电器及主熔断器必将损坏。为了缓解高压电的冲击，BMS 控制上电模式初期用高电压、小电流给各控制器电容充电。动力电池控制系统先闭合预充继电器进行预充电，预充完成后闭合总正继电器，再断开预充继电器。如图 6-4 所示为预充控制原理。

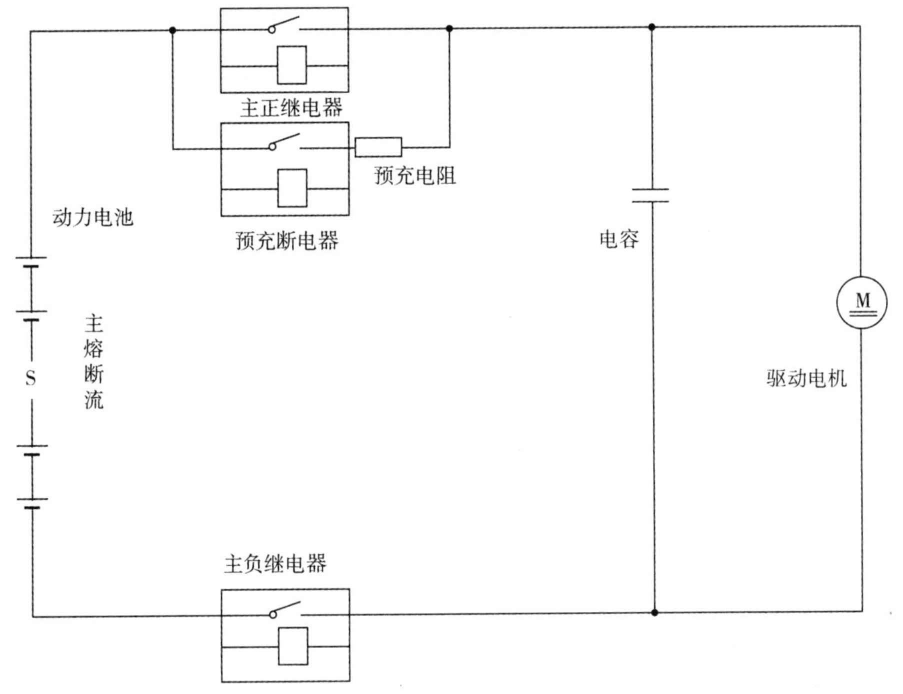

图 6-4　预充控制原理

任务二　电动汽车用电负荷

学习目标

1. 了解电动汽车主要的高低压用电负荷；
2. 明确保留铅酸蓄电池的必要性。

知识准备

电动汽车出现后，汽车由原来的发动机、底盘和电气三大系统，增加到发动机、底盘、电气和电力驱动四大系统。其中，电力驱动系统包括驱动电机变频控制、电动压缩机变频控制、空调 PTC 加热控制、DC/DC 转换控制等。

在电动汽车中，发动机和底盘控制部分采用 12 V/24 V 电气系统供电，但用电负荷较小。汽车电气系统的基本电气系统和附加电气系统的用电负荷较大。

一、保留铅酸蓄电池的必要性

电动汽车以动力蓄电池为电源，能够利用 DC/DC 转换器为铅酸蓄电池充电。汽车装备DC/DC转换器之后，可省去原车交流发电机，虽然能因此省去12 V/24 V铅酸蓄电池，但实际上还是保留了铅酸蓄电池。这样做有以下两大原因。

1. 能够降低整个车辆的成本

铅酸蓄电池能在短时间内向空调、雨刷及车灯等释放大电流。如果省去铅酸蓄电池，则通过DC/DC转换器将动力蓄电池的电力用于空调及雨刷会导致DC/DC转换器的尺寸增大，从而使整体成本增加。另外，铅酸蓄电池便宜，因此目前将铅酸蓄电池置换成动力蓄电池没有成本上的优势。

2. 确保电源的冗余度

铅酸蓄电池有确保向低压供电的冗余度的作用。DC/DC转换器出现故障停止供电时，如果没有铅酸蓄电池，低压电就会立即停止运行。夜间车灯不亮、雨天雨刷停止运行等状况都会影响驾驶。如果备有铅酸蓄电池，便能将汽车就近开到家或修理厂。

二、12 V/24 V电气系统负荷

在电动汽车上，为了区别12 V电气系统，通常将高于60 V的直流电压称为高压（这与工业用电和特种产品对高压、低压的电压界限是完全不同的）。汽油车辆通常采用12 V电气系统供电，电动汽车的电气部件电压与燃油汽车相同，因此电动汽车要将动力电池几百伏的电压通过DC/DC转换器降压为传统燃油汽车发电机的发电电压14 V，为标称为12 V的铅酸蓄电池充电。对于24 V电气系统的柴油车，则要降压为28 V，为标称为24 V的铅酸蓄电池充电。

如表6-1所示为汽车12 V电气系统用电负荷的功率，因此一个电动汽车DC/DC转换器的输出功率在1.5 kW～2.5 kW范围内，才能保证车辆的运行。

表6-1　汽车12V电气系统用电负荷的功率

12 V用电负荷	工作状态	功率（W）
混合动力汽车采用发动机水取暖，辅以12 V暖风PTC加热器功耗	连续	250
变频器内部逆变桥自身功耗	连续	150
电池能量管理系统鼓风机电机	连续	150
车头灯和尾灯总成	连续	120
喇叭	断续	10
雨刷器电机	连续	40
电动真空泵电机	连续	120
空调鼓风机电机	连续	240
仪表指示灯及步进电机仪表	连续	30
停车灯、转向灯及车内灯	断续	50
电动转向助力系统助力电机	连续	400

续　表

12 V 用电负荷	工作状态	功率（W）
收音机主机及扬声器	连续	20
四个车门的电动窗升降	断续	80
高压配电箱高压继电器线圈	连续	20
ABS 回流泵电机	断续	180
冷却电机风扇电机	连续	300
合计		2160

三、高压用电负荷

除了驱动汽车的电机以外，对于大功率的设备通常采用高压供电，如表 6-2 所示。从表中可以看出，空调器是电动汽车功耗最大的元件，它的功耗大约占总功耗的 60%～75%。12 V 蓄电池充电的 DC/DC 转换器的高压供电功率在 1.5 kW～2.0 kW。

表 6-2　汽车高压用电负荷的功率

高压用电负荷元件	工作状态	功率（kW）
电动汽车空调采用电动空调时的压缩机电机	连续	3.0～5.0
电动客车采用气压制动时的电动空气压缩机电机	连续	1.5～2.0
纯电动汽车暖风加热 PTC（正温度系数热敏电阻器）	断续	1.5～2.0
给 12 V 蓄电池充电的 DC/DC 转换器的高压供电功率	断续	1.5～2.0

一般电动汽车只有一个 DC/DC 转换器，把高压直流电降压为 14 V 或 28 V 直流电挡电动车可以有两个 12 V DC/DC 转换器。

任务三　电池管理控制

学习目标

1. 明确电池电量显示的控制过程；
2. 明确充电电压的控制过程；
3. 掌握 DC/DC 转换器的分类和工作原理。

知识准备

一、电池电量显示控制

如图 6-5 所示为电池电量显示控制过程。

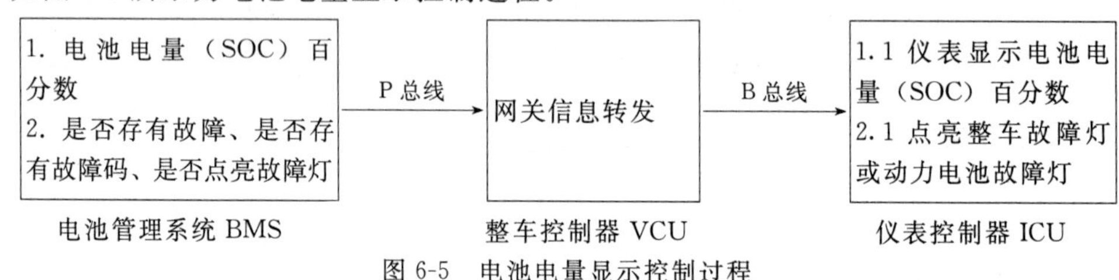

图 6-5　电池电量显示控制过程

具体过程如下：

步骤 1，电池管理系统（BMS）通过电池组的总电压和动态电流的时间积分来计算出电池电量（SOC）百分数，电池电量（SOC）信息经动力系统总线（P 总线）、整车控制器（VCU）、车身电气系统总线（B 总线）转发给仪表控制器（ICU），ICU 执行步骤 1.1，即仪表显示电池电量（SOC）百分数。

步骤 2，电池管理系统（BMS）是否存有故障、是否存有故障码、是否点亮故障灯，动力系统总线（P 总线）、整车控制器（VCU）、车身电气系统总线（B 总线）转发给仪表控制器（ICU），ICU 执行步骤 2.1，即点亮整车故障灯或动力电池故障灯。

二、充电电压控制

如图 6-6 所示为充电电压控制过程。

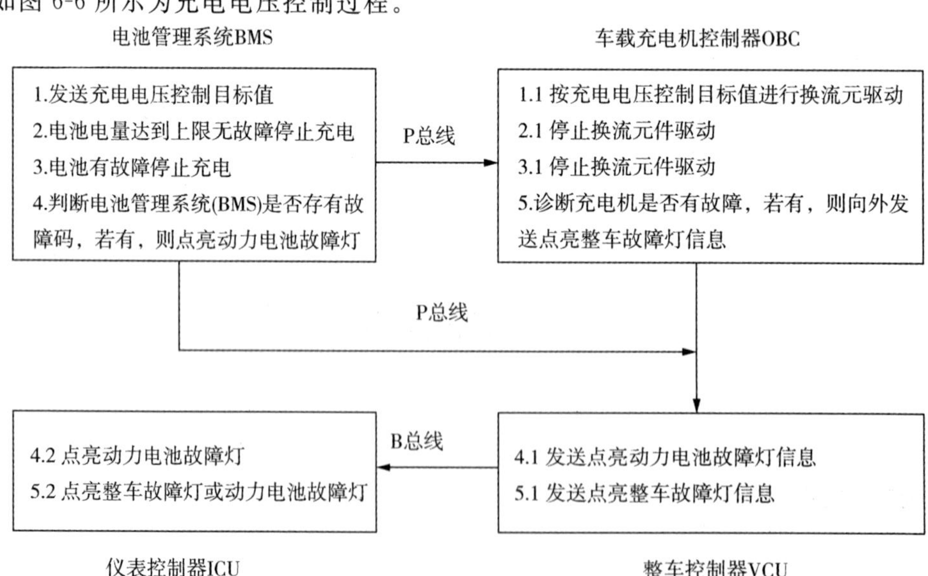

图 6-6　充电电压控制过程

具体过程如下：

步骤 1，发送充电电压控制目标值。信息经 P 总线发送到车载充电机控制器（OBC），

OBC 执行步骤 1.1，即按充电电压控制目标值进行换流元件驱动。

步骤 2，电池电量达到上限无故障停止充电。信息经 P 总线发送到 OBC，OBC 执行步骤 2.1，即停止换流元件驱动。

步骤 3，电池有故障停止充电。信息经 P 总线发送到 OBC，OBC 执行步骤 3.1，即停止换流元件驱动。

步骤 4，判断电池管理系统（BMS）是否存有故障码，若有，则点亮动力电池故障灯。信息经 P 总线发送到整车控制器（VCU），VCU 执行步骤 4.1，即发送点亮动力电池故障灯信息。信息发送给仪表控制器（ICU），ICU 执行步骤 4.2，即点亮动力电池故障灯。

步骤 5，诊断充电机是否有故障，若有，则向外发送点亮整车故障灯信息给整车控制器（VCU）。VCU 执行步骤 5.1，即发送点亮整车故障灯信息。信息经 B 总线到仪表控制器（ICU），ICU 执行步骤 5.2，即点亮整车故障灯或动力电池故障灯。

三、DC/DC 转换器

1. DC/DC 转换器简介

DC/DC（Direct Current，DC）转换器是直流/直流转换器的简写，是将直流电压转换为直流电压的电子装置。在电动汽车中，DC/DC 转换器分为以下两类：

（1）降压转换器。

降压 DC/DC 转换器的作用是将高压离子电池（或镍氢电池）的电压降压为 14 V 或 28 V 的电压等级，为 12 V 或 24 V 电气系统负载供电。例如，DC/DC 转换器可保证高压离子电池（或镍氢电池）电压在 280 V～400 V 变化区间内稳定输出 14 V 或 28 V 电压，分别为 12 V 或 24 V 电气系统负载（也包括 12 V 或 24 V 等级的铅酸蓄电池）供电（或充电）。

另外，当高压离子电池（或镍氢电池）完全放完电后，虽然汽车已经不能行驶，但 DC/DC 转换器仍能从高压离子电池（或镍氢电池）中吸取能量，向电动汽车内稳定输出 14 V 或 28 V 电压。

有些电动汽车的降压 DC/DC 转换器有双向 DC/DC 转换功能。双向功能包括：可将高压离子电池（或镍氢电池）的电压降为车上铅酸蓄电池的充电电压；反之，也可将铅蓄电池的电压升为高压离子电池（或镍氢电池）的充电电压，为高压离子电池（或镍氢电池）充电。

（2）升压转换器。

对动力蓄电池电压进行升压：采用 DC/DC 转换器将蓄电池高压升为更高的直流电压来驱动电机，可提高系统的工作效率。

对铅酸蓄电池进行升压：在高压蓄电池容量不足以驱动汽车时，为了让汽车能驶离路面，避免阻塞交通，可采用 DC/DC 转换器将 12 V/24 V 铅酸蓄电池电压升为高压离子电池（或镍氢电池）的电压来驱动电机。

燃油汽车和电动汽车的辅助子系统的主要区别：燃油汽车的辅助蓄电池由与发动机相连的交流发电机来充电，而电动汽车的辅助蓄电池由主电源通过 DC/DC 转换器来充电。在电动汽车或混合动力汽车中，用于推动电机转动的能量来自动力蓄电池。动力蓄电池由数块电池串联而成，电压较高，所以又被称为高压电源。

2. DC/DC 转换器分类

（1）升压型和降压型。

在高压电池数目少、高压数值低的情况下，为了提高电机效率，可采用升压转换器。降压转换器主要用在高压电池和铅酸蓄电池之间。

（2）非绝缘型和绝缘型。

非绝缘型就是指电路两侧通过电子元件连通；绝缘型就是指电路两侧采用变压器隔离，采用磁能交换。绝缘型 DC/DC 转换器的换能部件是变压器。变压器由一次侧（输入侧、动力蓄电池侧）和二次侧（输出侧、铅酸蓄电池侧）两种线圈构成，线圈匝数比与电压比成比例。利用变压器改变电压时，变压器需通过交流电压。动力蓄电池是直流电压，DC/DC 转换器通过控制芯片来控制功率半导体的导通、截止，将动力蓄电池的直流电压转换成交流电压。然后，利用功率半导体将交流电压转换成 14 V 的直流电压。利用功率半导体转换交流电压和直流电压时，负载电容器为了抑制电压波形的噪声，平滑化输出电压。这两种 DC/DC 转换器的工作效率都很高，一般为 85%～95%，并且适于商用。非绝缘型 DC/DC 转换器构简单、成本低；绝缘型能将主电源的高等级电压与辅助蓄电池的低等级电压隔离开，更安全可靠。

（3）单向 DC/DC 转换器和双向 DC/DC 转换器。

单向 DC/DC 转换器只能向一个方向实现电压转换，双向 DC/DC 转换器能互相实现电流转换。单向 DC/DC 转换器多用于将燃料电池的电压升为与其并联的蓄电池电压。双向 DC/DC 转换器多用于将动力蓄电池的电压升压为电机工作电压，或反之；也可以将动力电池的电降为 12 V 铅酸蓄电池的电压，或反之。

3. DC/DC 转换器的工作原理

能实现降压 DC/DC 转换器的主电路结构有很多，其中 BUCK 型（降压型）DC/DC 转换器以其结构简单、变换效率高的特点成为首选的 DC/DC 变换电路拓扑结构之一。

DC/DC 转换器一般由控制芯片、电感线圈、二极管、三极管和电容器构成。基本 BUCK 型 DC/DC 转换器电路的原理如图 6-7 所示。其中，U_{in}是输入电压，U_o是 BUCK 型电路的输出电压，C_{in}是输入电容，S 是主功率开关，D 是主功率二极管，L 是储能电感。

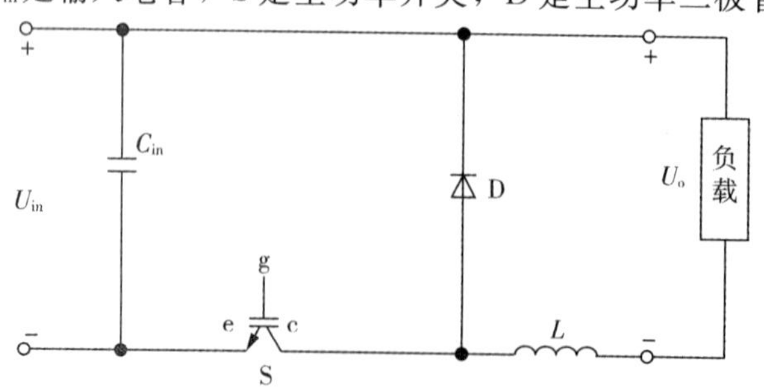

图 6-7　基本 BUCK 型 DC/DC 转换器电路

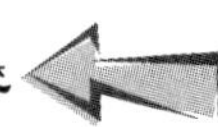

基本 BUCK 型电路电感 L 的储能工作过程如图 6-8 所示：当开关管 S 导通时，电流经负载电感 L 流过电子开关 S，电流增加，电能以磁能形式存储在电感线圈 L 中，同时向负载供电在这一过程中，电容 C_{in}、负载、电感 L、开关 S 构成回路。

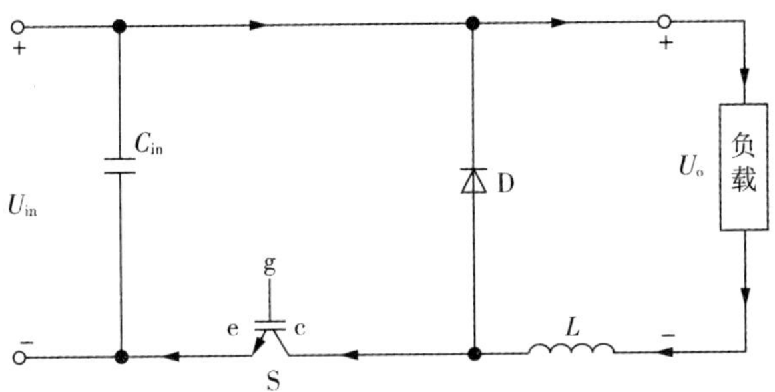

图 6-8　基本 BUCK 型电路电感 L 的储能工作过程

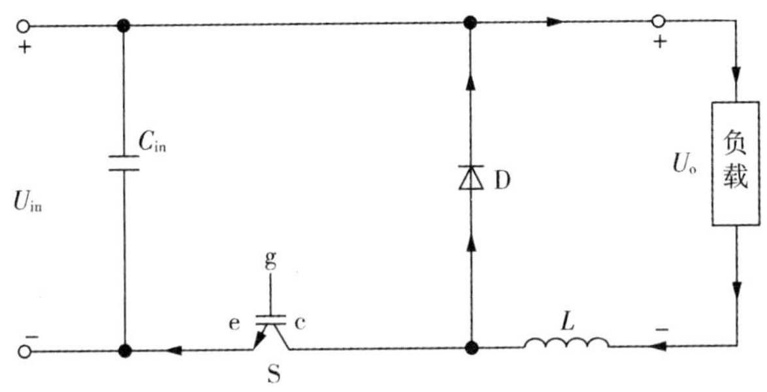

图 6-9　基本 BUCK 型电路电感 L 的能量释放过程

基本 BUCK 型电路电感 L 的能量释放过程如图 6-9 所示：当开关管 S 由导通转为截止时存储在电感 L 中的能量释放出来，通过二极管 D 续流来维持向负载供电，此时电感 L、续流二极管 D 和负载构成回路，若周期性地控制开关管 S 的导通与关闭，则可实现能量由 U_{in} 向 U_o 的降压传递电路的输出电压 $U_o = \delta U_{in}$，其中 δ 为开关管 S 的导通占空比。为达到上述降压传递的目的，开关管 S 与二极管 D 必须轮流导通与截止，二者之间频繁地进行换流。

DC/DC 转换器的外特性如图 6-10 所示。

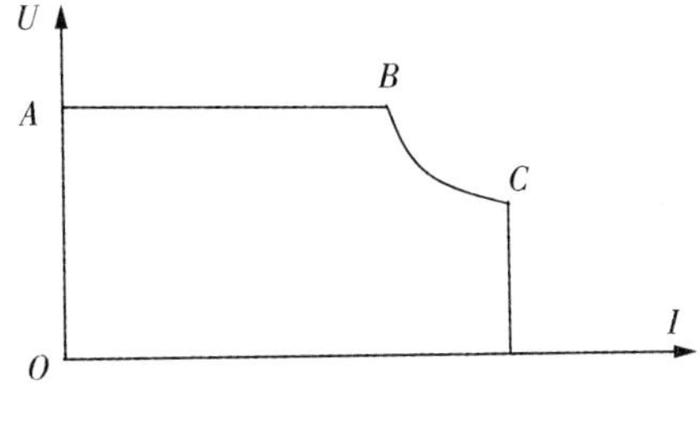

图 6-10　DC/DC 转换器的外特性

DC/DC 转换器中的控制芯片用于控制功率半导体的导通与截止。调制方式有 PFM（脉冲频率调制方式）和 PWM（脉冲宽度调制方式）两种。

采用PFM方式时，开关脉冲宽度一定，通过改变脉冲输出的时间来使输出电压达到稳定。采用PWM方式时，开关脉冲频率一定，通过改变脉冲输出的宽度来使输出电压达到稳定。通常情况下，采用PFM和PWM这两种调制方式时的DC/DC转换器的性能区别如表6-3所示。

表6-3 采用PFM、PWM时的DC/DC转换器的性能区别

对比项目	PFM	PWM
电路规模（IC内部）	简单	复杂
消耗电流	较少	较多
纹波电压	较大	较小
瞬态响应	较差（反应较慢）	较好（反应较快）

当采用PWM方式时，在选用较低频率的情况下，小负载时，效率较高，输出电压的纹波较大；在选用较高频率的情况下，小负载时，效率很低，输出电压的纹波较小。因此，在小负载或待机时间较长的情况下，若选用较低频率，则转换电路的效率较高；但若考虑到输出电压的纹波问题而选用较高频率，则纹波电压会较小。DC/DC转换器通过开关动作来进行升压或降压，特别是晶体管（或场效应管）处于快速开关时，会产生尖峰噪声以及电磁干扰。

4. 双向DC/DC转换器

在以蓄电池和超级电容器组成的混合电源上，一般蓄电池以稳态充电、放电的形式工作；而超级电容器在电动汽车启动时，能够以大电流的放电形式工作，且在接受外电源（或制动反馈的电能）时能以大电流的充电形式工作。蓄电池和超级电容器的电流为双向流动，因此在蓄电池和超级电容器与电力总线之间装置双向（升降压型）DC/DC转换器，以双向控制和调配输入和输出的电流。双向DC/DC转换器电路如图6-11所示，其中电池（U_{bus}）与输出的变频器相连。

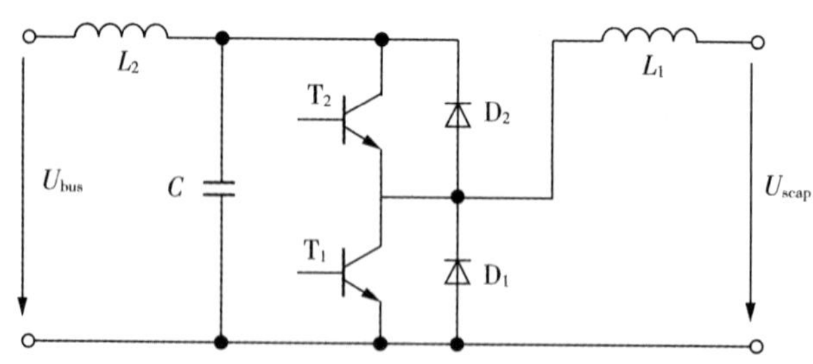

图6-11 非绝缘型双向DC/DC转换器电路

变频器（或车载充电机）向电池和电容充电的过程：双向DC/DC转换器处于充电工况时开关管T_1彻底切断，开关管T_2处于导通和断开的控制中，来自变频器的制动反馈电流（或来自车载充电机的充电电流）经动力总线先向蓄电池充电，再向超级电容器充电；

在通过电感部分电流暂时存留在电感 L_1 中，当开关管 T_2 断开后，电感 L_1 中存留的电流通过整流二极管 D_2 转存在电容器 C 中。双向 DC/DC 转换器在对超级电容器充电时，处于降压（BUCK）状态，电流流向如图 6-12 所示。在超级电容器电路上装置电感 L_1，可以减小进入超级电容器线路的电流脉冲。

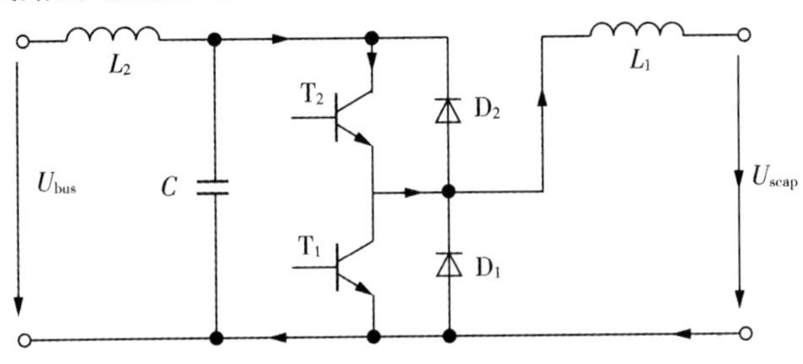

图 6-12　电池向电容的充电电流流向

电池和电容器给变频器供电过程：双向 DC/DC 转换器处于放电工况时，开关管 T_2 彻底切断，开关管 T_1 处于导通和断开的控制中。蓄电池电压高，先行向左放电。超级电容器放电要经过电感 L_1 先储能（如图 6-13）、后释放能量（如图 6-14）两个过程。储能过程：开关管 T_1 导通，电感 L_1 有电流流过实现电感储能。释放能量过程：开关管 T_1 断开的瞬间，电感 L_1 的自感电动势提高电压后经二极管 D_2、电感 L_2 向变频器供电。电流方向是由超级电容器力总线方向流动，DC/DC 转换器对外放电处于升压状态。在总线电路上装置电感 L_2，可减小进入总线的电流脉冲。

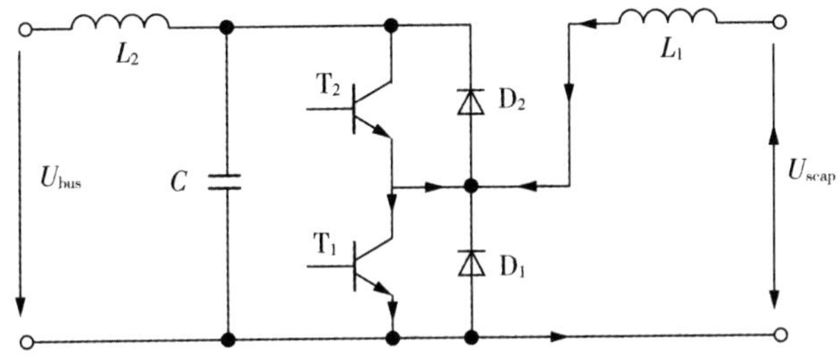

图 6-13　电容放电前，向电感 L_1 储能的电流流向

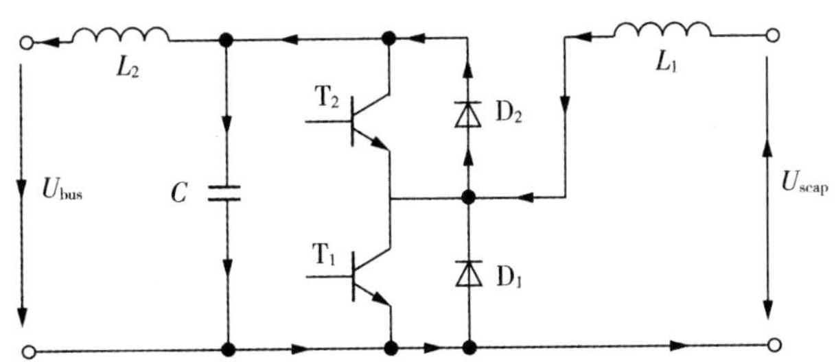

图 6-14　开关管 T_1 断开，电感 L_1 升压向电池充电

任务四　充电过程控制

1. 了解充电唤醒控制过程；
2. 掌握交流充电和直流充电控制过程。

知识准备

一、充电唤醒控制

如图 6-15 所示为充电唤醒控制过程。

具体过程如下：

步骤 1，充电枪插入充电插座，执行步骤 1.1，即电池管理系统（BMS）或充电辅助控制模块（ACM）被 CC 经充电枪内下拉电阻接地唤醒；执行步骤 1.2，即车载充电机被唤醒。

步骤 2，电池管理系统（BMS）或充电辅助控制模块（ACM）检查是否有故障。若无故障，则通过 P 总线向车载充电机（OBC）发送充电电压控制值。若循环检测有故障或电池已满，则向 OBC 发送停止充电控制命令；OBC 执行步骤 2.1，即接收电池管理系统传来的充电电压控制目标；电池箱系统主继电阻（SMR）执行步骤 2.2，即控制高压上电继电器组合开关闭合，接收来自车载充电机的充电电流。

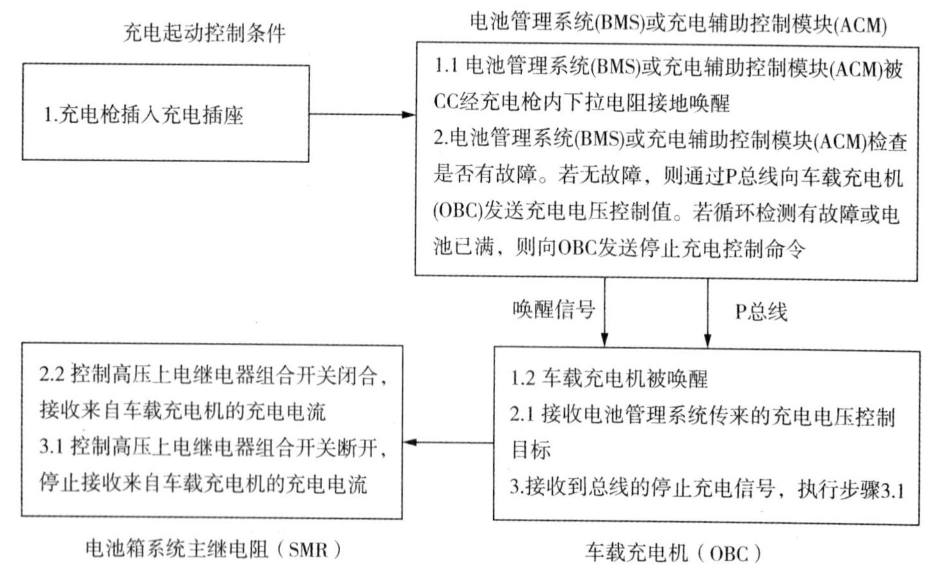

图 6-15　充电唤醒控制过程

步骤 3，接收到总线的停止充电信号，SMR 执行步骤 3.1，即控制高压上电继电器组合开关断开，停止接收来自车载充电机的充电电流。

二、交流充电控制

如图 6-16 所示为交流充电控制过程。

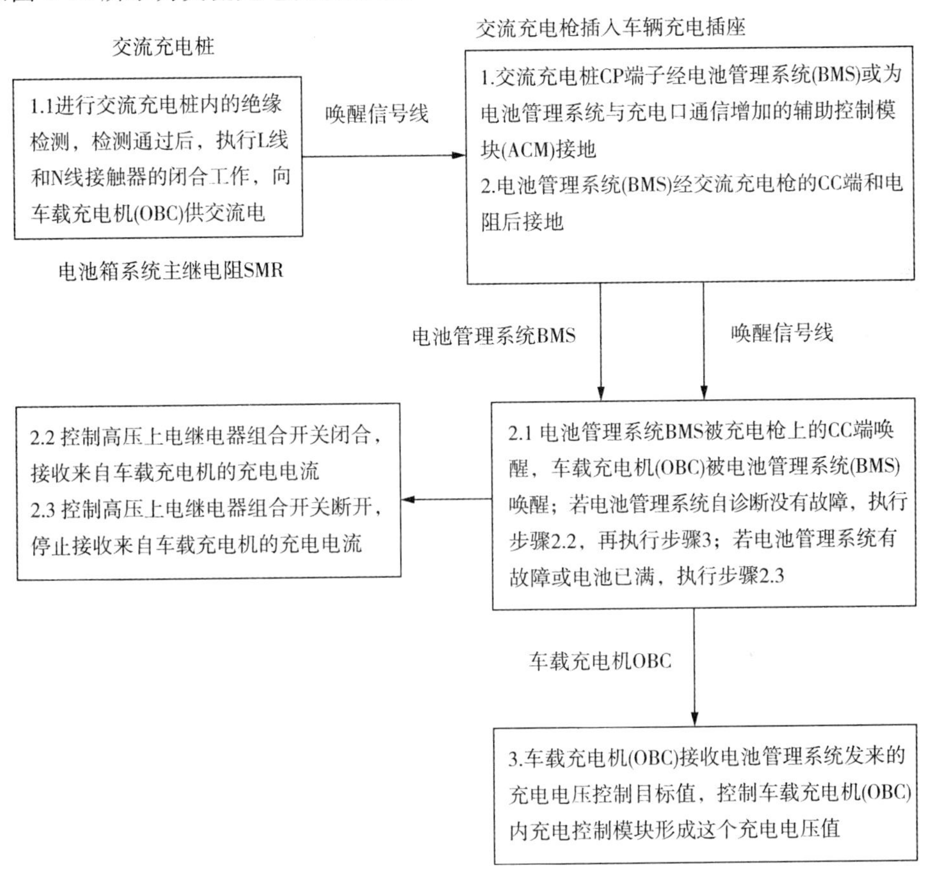

图 6-16　交流充电控制过程

具体控制过程如下：

步骤 1，交流充电柱 CP 端子经电池管理系统（BMS）或为电池管理系统与充电口通信增加的辅助控制模块（ACM）接地。交流充电桩执行步骤 1.1，即进行交流充电桩内的绝缘检测，检测通过后，执行 L 线和 N 线接触器的闭合工作，向车载充电机（OBC)供交流电。

步骤 2，电池管理系统（BMS）经交流充电枪的 CC 端和电阻后接地。电池管理系统（BMS）执行步骤 2.1，即电池管理系统（BMS）被充电枪上的 CC 端唤醒，车载充电机（OBC）被电池管理系统（BMS）唤醒；若电池管理系统自诊断没有故障，则电池箱系统主继电阻（SMR）执行步骤 2.2，即控制高压上电继电器组合开关闭合，接收来自车载充电机的充电电流，再执行步骤 3。若电池管理系统有故障或电池已满，则电池箱系统主继电阻（SMR）执行步骤 2.3，即控制高压上电继电器组合开关断开，停止接收来自车载充电机的充电电流。

步骤 3，车载充电机（OBC）接收电池管理系统发来的充电电压控制目标值，控制车载充电机（OBC）内充电控制模块形成这个充电电压值。

三、直流充电控制

如图 6-17 所示为直流充电控制过程。

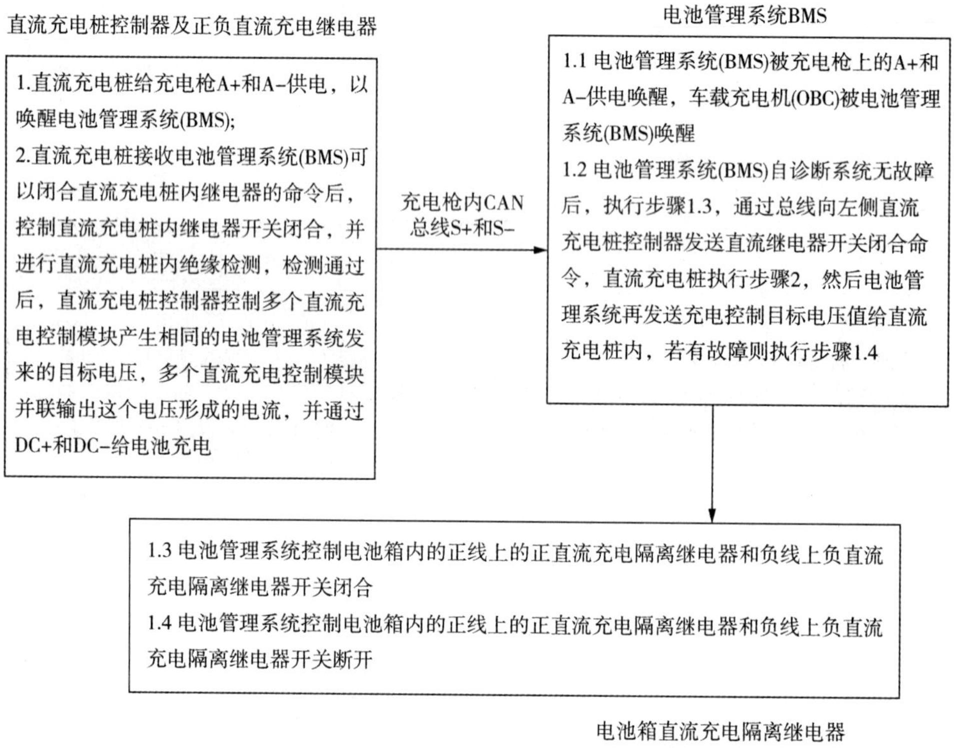

直流充电桩控制器及正负直流充电继电器

1.直流充电桩给充电枪A+和A-供电，以唤醒电池管理系统(BMS);
2.直流充电桩接收电池管理系统(BMS)可以闭合直流充电桩内继电器的命令后，控制直流充电桩内继电器开关闭合，并进行直流充电桩内绝缘检测，检测通过后，直流充电桩控制器控制多个直流充电控制模块产生相同的电池管理系统发来的目标电压，多个直流充电控制模块并联输出这个电压形成的电流，并通过DC+和DC-给电池充电

充电枪内CAN总线S+和S-

电池管理系统BMS

1.1 电池管理系统(BMS)被充电枪上的A+和A-供电唤醒，车载充电机(OBC)被电池管理系统(BMS)唤醒
1.2 电池管理系统(BMS)自诊断系统无故障后，执行步骤1.3，通过总线向左侧直流充电桩控制器发送直流继电器开关闭合命令，直流充电桩执行步骤2，然后电池管理系统再发送充电控制目标电压值给直流充电桩内，若有故障则执行步骤1.4

1.3 电池管理系统控制电池箱内的正线上的正直流充电隔离继电器和负线上负直流充电隔离继电器开关闭合
1.4 电池管理系统控制电池箱内的正线上的正直流充电隔离继电器和负线上负直流充电隔离继电器开关断开

电池箱直流充电隔离继电器

图 6-17　直流充电控制过程

具体过程如下：

步骤 1，直流充电桩给充电枪 A＋和 A－供电，以唤醒电池管理系统（BMS）；执行步骤 1.1，即电池管理系统（BMS）被充电枪上的 A＋和 A－供电唤醒，车载充电机（OBC）被电池管理系统（BMS）唤醒；执行步骤 1.2，即电池管理系统（BMS）自诊断系统无故障后，执行步骤 1.3，通过总线向左侧直流充电桩控制器发送直流继电器开关闭合命令，直流充电桩执行步骤 2，然后电池管理系统再发送充电控制目标电压值给直流充电桩内，若有故障就执行步骤 1.4；执行步骤 1.3，即电池管理系统控制电池箱内的正线上的正直流充电隔离继电器和负线上负直流充电隔离继电器开关闭合；执行步骤 1.4，即电池管理系统控制电池箱内的正线上的正直流充电隔离继电器和负线上负直流充电隔离继电器开关断开。

步骤 2，直流充电桩接收电池管理系统（BMS）可以闭合直流充电桩内继电器的命令后，控制直流充电桩内继电器开关闭合，并进行直流充电桩内的绝缘检测，检测通过后，直流充电桩控制器控制多个直流充电控制模块产生相同的电池管理系统发来的目标电压，多个直流充电控制模块并联输出这个电压形成的电流，并通过 DC＋和 DC－给电池充电。

四、车载充电系统

1. 充配电总成

以比亚迪秦 PLUS－EV 纯电动汽车为例，充配电总成布置在车辆前舱上部，如图 6-18 所示。

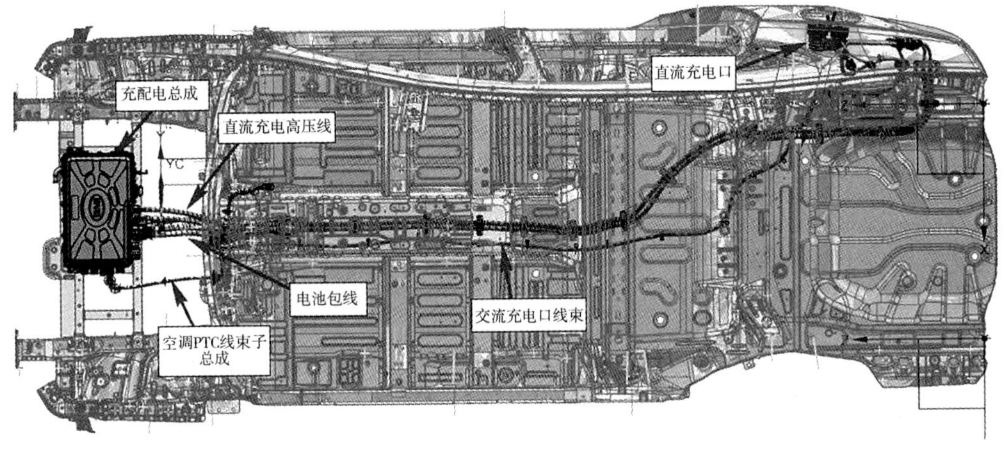

图 6-18　高、低压充电系统布置图

2. 针脚定义与信号测量

如图 6-19 所示为交流充电口低压接插件和直流充电口低压接插件，表 6-4 所示为交流充电口引脚定义。

低压接插件投影如下：

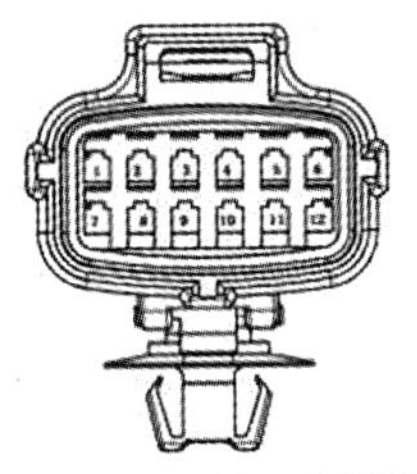

交流充电口低压接插件

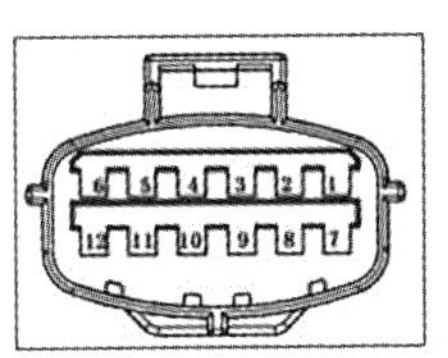

直流充电口低压接插件

图 6-19　交流充电口低压接插件和直流充电口低压接插件

表 6-4　交流充电口引脚定义

引脚号	端口名称	端口定义	线束接法	信号类型	稳态工作电流	冲击电流	电源性质	备注
1	CP	充电控制导引	接充配电总成 33PIN-5				12 V/PWM	
2	CC	充电连接确认	接充配电总成 33PIN-4				电压	
3		闭锁电源	接左车身控制器 D41		1.5 A (140 ms)		有效，12 V 无效，悬空	
4		开锁电源	接左车身控制器 D40		1.5 A (140 ms)		有效，12V 无效，悬空	
5			接左车身控制器 D8				闭锁，悬空，解锁，接地	
6		(空)						
7		温度传感器一高	接充配电总成 33PIN-7					
8		温度传感器一高	车身地					
9		(空)						
10		(空)						
11		(空)						
12		(空)						

表 6-5 所示为直流充电口引脚定义。

表 6-5　直流充电口引脚定义

引脚号	端口名称	端口定义	线束接法	信号类型	稳态工作电流	冲击电流	电源性质	备注
1	A−	低压辅助电源负	车身地					
2	A+	低压辅助电源正	接动力电池 33PIN-26	电平信号	<1 A			
3	CC2	直流充电感应信号	接动力电池 33PIN-32	模拟信号	<1 A			
4	CAN-L	充电子网 CAN-L	接动力电池 33PIN-8	CAN 信号				

续　表

引脚号	端口名称	端口定义	线束接法	信号类型	稳态工作电流	冲击电流	电源性质	备注
5	CAN-H	充电子网 CAN-H	接动力电池 33PIN-15	CAN 信号				
6	CAN 屏蔽	CAN 通信屏蔽	接地	接地	<1 A			
7		温度传感器高 1	接动力电池 33PIN-14	模拟信号	<1 A			
8		温度传感器低 1	接动力电池 33PIN-21	接地	<1 A			
9		温度传感器高 2	接动力电池 33PIN-20	模拟信号	<1 A			
10		温度传感器低 2	接动力电池 33PIN-21	接地	<1 A			
11		互锁输入	接充配电总成 33PIN-13	PWM 信号	<1 A			
12		互锁输出	接充配电总成 33PIN-13	PWM 信号	<1 A			

关于预充功能的操作使用方法：在连接 220 V 电网给整车充电时，可以对充电开始时间进行设置，此功能称为预约充电功能；使用该功能可以利用低谷电价，进一步节省用车成本。

3. 充电口、充电枪应急操作

（1）充电口应急解锁拉环位置，如图 6-20 所示。

图 6-20　充电应急解锁拉环位置

（2）充电枪应急拉环，如图 6-21 所示。

图 6-21　两个应急拉环

黑色为充电枪的应急解锁拉环，红色为充电口盖应急解锁拉环。

故障诊断：

充电口作为传导充电方式一定存在磨损老化问题，需要加入保养范围，具体保养项目如下，判定标准见图 6-22 中所示情况。

（1）车辆熄火（退电至 OFF 挡），整车解锁，打开充电口舱盖及充电口盖。

（2）目视检查充电口塑料绝缘壳体外观有无热熔变形，严重热熔变形影响正常使用的需要更换处理。

（3）目视检查充电口内部以及端子内部有无异物，有异物的需要使用高压气枪排出异物，无法排出且影响正常使用的需更换处理。

（4）目视检查充电口端子簧片及底部有无变黑，变黑的需要更换处理。

（5）目视检查充电口端子簧片及底部有无变黄。

（6）检修口排查充电口尾部电缆是否烧黑及变形（需辅助照明仔细观察），如变黄且伴随尾部电缆外层变黑则需更换处理。

（7）目视检查端子簧片有无断裂，断裂的需要更换处理。

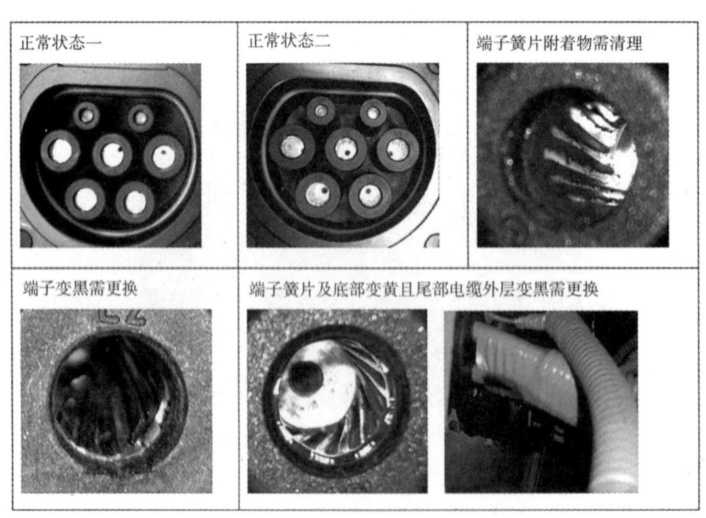

图 6-22　充电口故障分析

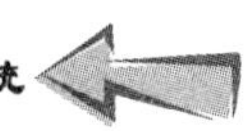

端子簧片前端断裂需要更换

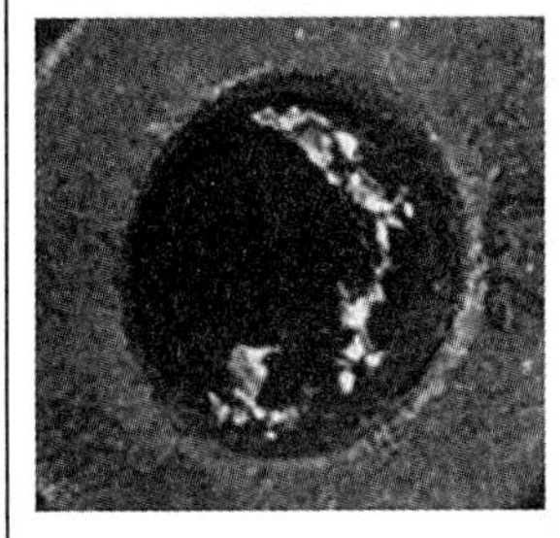
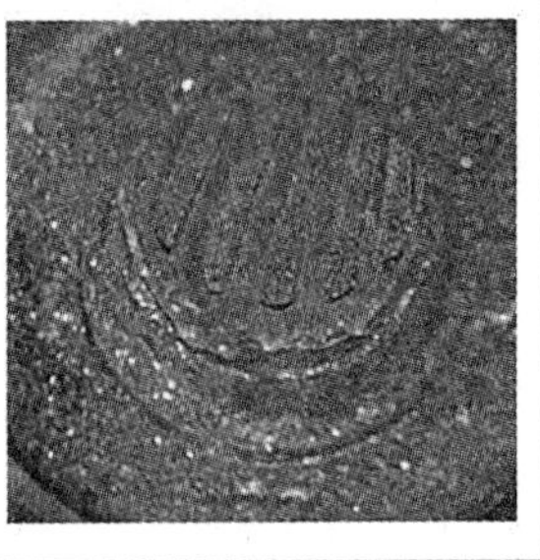

图 6-23　端子簧片前端断裂需更换

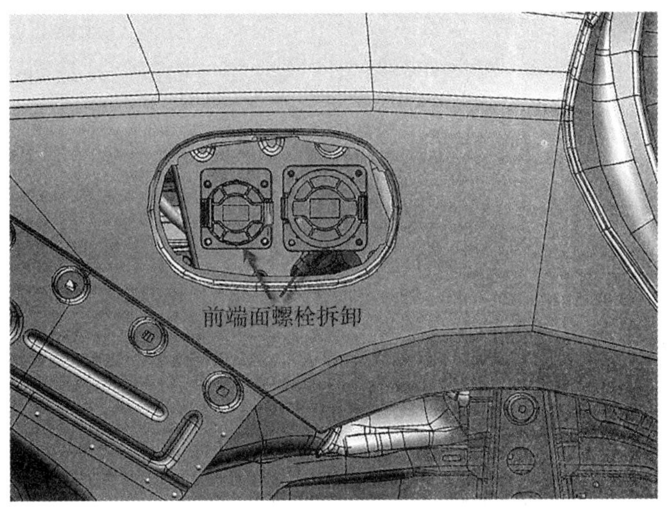

图 6-24　充电口位置

任务五　电源管理系统传感器

学习目标

1. 了解温度传感器的工作原理与工作特性；
2. 了解电流传感器的工作原理与工作特性。

知识准备

一、温度传感器

1. NTC 温度传感器

NTC 温度传感器是一种热敏电阻、探头，其原理为：电阻值随着温度的上升而迅速下降。其实际尺寸十分灵活，它们可小至 0.010 英寸或很小的直径。最大尺寸几乎没有限制，但通常使用半英寸以下。NTC 温度传感器一般由 NTC 热敏电阻、探头（金属壳或塑胶壳等）、延长引线及金属端子或连端器组成。

2. NTC 温度传感器原理

NTC 热敏电阻在一定的测量功率下，电阻值随着温度的上升而迅速下降。利用这一特性，可将 NTC 热敏电阻通过测量其电阻值来确定相应的温度，从而达到检测和控制温度的目的。

3. NTC 温度传感器在新能源汽车中的应用

在新能源汽车中使用的温度传感器主要包括检测电池温度的传感器、检测电机的温度传感器以及用于电池冷却系统的温度传感器。

动力电池模组由多个电芯组成，正常工作的时候，动力电池模组电芯的温度是均匀的，而在电力电池模组出现异常的情况下，不同的动力电池模组的电芯会出现较大的温差。通常选用 3～4 个采集点来监控整个动力电池模组的温度，把采集的温度数据输入动力电池模组管理单元，由动力电池模组管理单元推算出整个动力电池模组管理单元的温度情况。

温度传感器安置在模组的接线柱附近，温度传感器的测量引线分别送到从控盒的接插件的 PIN 脚上，由从控盒内电路测量处理，并经内部 CAN 线送到主控盒电路上处理。

NTC 温度传感器在新能源汽车电池组上起到过热保护作用，因涉及汽车安全，要求 NTC 温度传感器能够耐高温、耐高湿、耐腐蚀、测温速度快，并且具备高性能、高可靠性、高稳定性。

4. 蓄电池温度传感器

以丰田普锐斯混合动力汽车蓄电池为例，HV 蓄电池的 3 个位置均具有蓄电池温度传感器。

内置于各蓄电池温度传感器的热敏电阻的阻值会随 HV 蓄电池温度的变化而变化。蓄电池温度越低，热敏电阻的阻值就越大；反之，温度越高，阻值就越小。蓄电池温度传感器的温度一电阻特性曲线如图 6-25 所示。蓄电池智能单元使用蓄电池温度传感器检测 HV 蓄电池温度，并将检测值发送至动力管理控制 ECU。动力管理控制 ECU 根据此检测结果来控制鼓风机风扇（HV 蓄电池温度上升超过预定水平时，鼓风机风扇启动）。

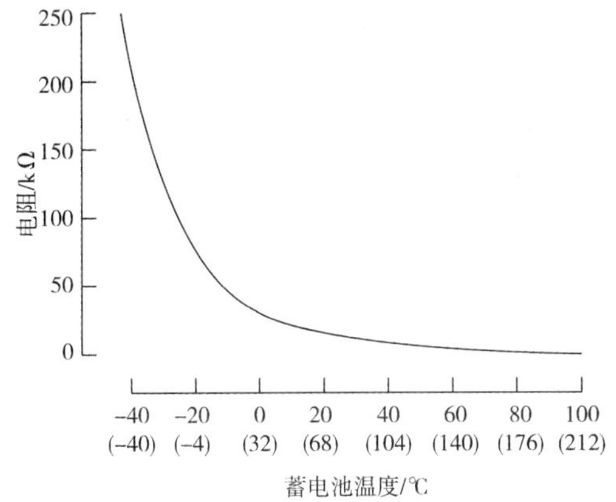

图 6-25　蓄电池温度传感器的温度—电阻特性曲线

5. 进气温度传感器

进气温度传感器（蓄电池）安装在 HV 蓄电池上。传感器电阻随进气温度的变化而变化。进气温度传感器的特性与蓄电池温度传感器的特性相同。蓄电池智能单元利用来自进气温度传感器的信号来控制蓄电池冷却鼓风机总成的空气流量。

二、电流传感器

1. 电流传感器概述

电流传感器是一种检测装置，能感受到被测电流的信息，并能将检测感受到的信息按一定规律变换成符合一定标准需要的电信号或其他所需形式的信息输出，以满足信息的传输、处理、存储、显示、记录和控制等要求。

电流传感器也称磁传感器，可以用在家用电器、智能电网、电动车、风力发电等上。我们在生活中用到很多磁传感器，比如说电脑硬盘、指南针、家用电器等等。

2. 电流传感器分类

电流传感器依据测量原理的不同，主要可分为分流器、电磁式电流互感器、电子式电流互感器等。

电子式电流互感器包括霍尔电流传感器、罗哥夫斯基电流传感器及专用于变频电量测量的 AnyWay 变频功率传感器（可用于电压、电流和功率测量）等。

与电磁式电流传感器相比较，电子式电流互感器没有铁磁饱和，传输频带宽，二次负荷容量小，尺寸小，重量轻，是今后电流传感器的发展方向。

3. 电流传感器在电动汽车蓄电池上的应用

蓄电池电流传感器安装在 HV 蓄电池总成的正极电缆侧，用于检测流入 HV 蓄电池的电流值。蓄电池智能单元从蓄电池电流传感器将电压输入端子 IB，该电压与电流值成比例，并在 0～5 V 之间变化。蓄电池电流传感器的输出电压低于 2.5 V 时表示 HV 蓄电池正在放电，高于 2.5 V 时表示 HV 蓄电池正在充电。动力管理控制 ECU 根据从蓄电池智能单元输入其端子 IB 的信号来确定 HV 蓄电池的充电和放电电流值，并根据累计的电流值来计算 HV 蓄电池的 SOC（充电状态）。

蓄电池电流传感器的电路如图 6-26 所示。

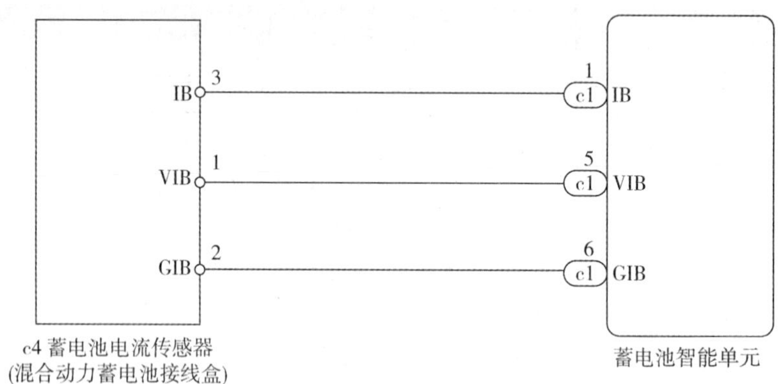

图 6-26　蓄电池电流传感器电路

三、案例分析

1. 故障现象

一辆比亚迪秦混合动力汽车在行驶中突然显示“请检查动力系统”字样，此时动力系统不能切换到“EV（纯电模式）”，并且制动时也不能回收能量。按照以前的经验，关闭电源重启可以解决，但重启多次无效，将充电枪插入充电插口，无法充电。

2. 故障分析，故障可能出在以下几个方面

（1）电池。

（2）电池包数据采集卡。

（3）电池管理器（BMS）。

（4）高压配电箱。

（5）电机控制部分。

后两个可能性相对小一些。

3. 故障诊断与排除

首先用 ED-400 对整车进行系统性能测试，发现 5 号电池单元有些异常（其实在这个环节忽视了一件事情，就是车上装的 DCT 软件，屏幕上显示 5 号电池组所有电压为 0，只是它没有以红色状态显示出来，由于特殊原因没有拍到故障时的屏幕照片）。

图 6-27 显示的是后来正常的数据，出现问题时 5 号电池组的电池电压均为 0，于是将车子后面的电池箱盖板（位于行李箱内）掀开，可以看到 12 V 启动电池、高压配电箱、BMS（Battery Management System，电池管理系统）、10 组电池单元和 220 V 电源变换器

等，如图 6-28 所示。随后打开了电池箱的前盖板，首先将坐垫拆下，接着拆下后靠背，拆开时需要分断左右两个气囊监测插头以及中控板插头，最后才能拆电池护板，拆卸后的情况如图 6-29 所示。在电池箱右上角前面有个橙色的维修开关销，如图 6-30 所示，维修时为了安全起见，需要将这个开关销拔出。

BYD AUTO　3G　8:57

总电压：484　　平均电压：3.184

模组一最低编号：10	电池电压：3.157	最高编号：9	电池电压：3.200	OK
模组二最低编号：7	电池电压：2.875	最高编号：4	电池电压：3.198	OK
模组三最低编号：7	电池电压：3.193	最高编号：9	电池电压：3.200	OK
模组四最低编号：7	电池电压：3.114	最高编号：2	电池电压：3.199	OK
模组五最低编号：12	电池电压：3.188 0	最高编号：2	电池电压：3.199	OK
模组六最低编号：5	电池电压：3.178	最高编号：7	电池电压：3.197	OK
模组七最低编号：14	电池电压：3.183	最高编号：12	电池电压：3.197	OK
模组八最低编号：5	电池电压：3.127	最高编号：3	电池电压：3.198	OK
模组八最低编号：7	电池电压：3.189	最高编号：3	电池电压：3.198	OK
模组十最低编号：1	电池电压：3.192	最高编号：13	电池电压：3.200	OK

图 6-27　DCT 软件屏幕显示

图 6-28　电池箱后侧

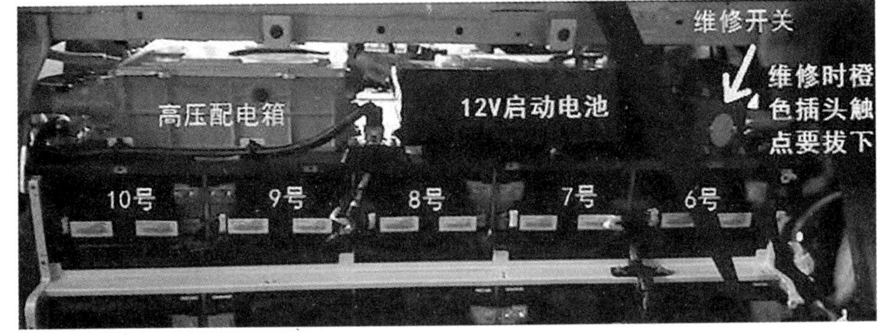

图 6-29　电池箱前侧

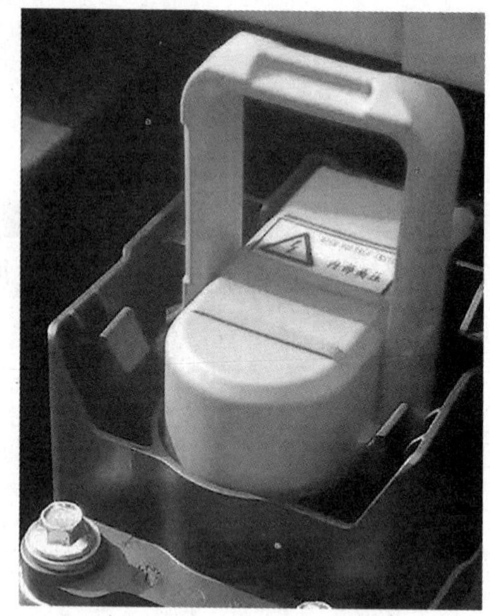

图 6-30　维修开关销

开始，维修人员怀疑是 5 号电池组采集器损坏，故将 5 号与 3 号电池组采集器的位置对换一下，发现仍然不正常，接着又怀疑是电池管理器的问题，于是将正常车辆的电池管理器拆下换上，故障依旧，遂怀疑是电池损坏，将正常车辆上的电池包拆下换上，故障依旧。图 6-31 为该车电池包（该车有 10 个电池包，电池包里的单体电池数量是不同的，多的 18 节，少的 10 节）。

图 6-31　比亚迪秦电池包

将正常车辆上的 5 号电池组采集器换上，“请检查动力系统”的警告提示消失，这下才正式确定了故障位置，就是 5 号电池组数据采集器出现故障。因为这些电池组数据采集器传送电池数据采用 CAN 总线，每个采集器必定有自己的地址数据，所以它出故障时，显示的就是该地址的数据，而与其物理位置没有关系。订货一周后安装上，故障终于排除。

任务实施

任务工单一　绘制交流充电桩的工作原理简图

一、车辆基本信息记录

品牌		整车型号		生产日期	
发动机型号		发动机排量		行驶里程	
驱动电机型号		驱动电机类型		额定功率	
动力电池型号		动力电池编码		额定容量	
车辆识别码					

二、工具、设备、场地准备

工具、设备	新能源汽车维修数据资源库	场地准备、绝缘性检测	场地警示、绝缘安全性检查

三、完整填写交流充电桩工作原理简图

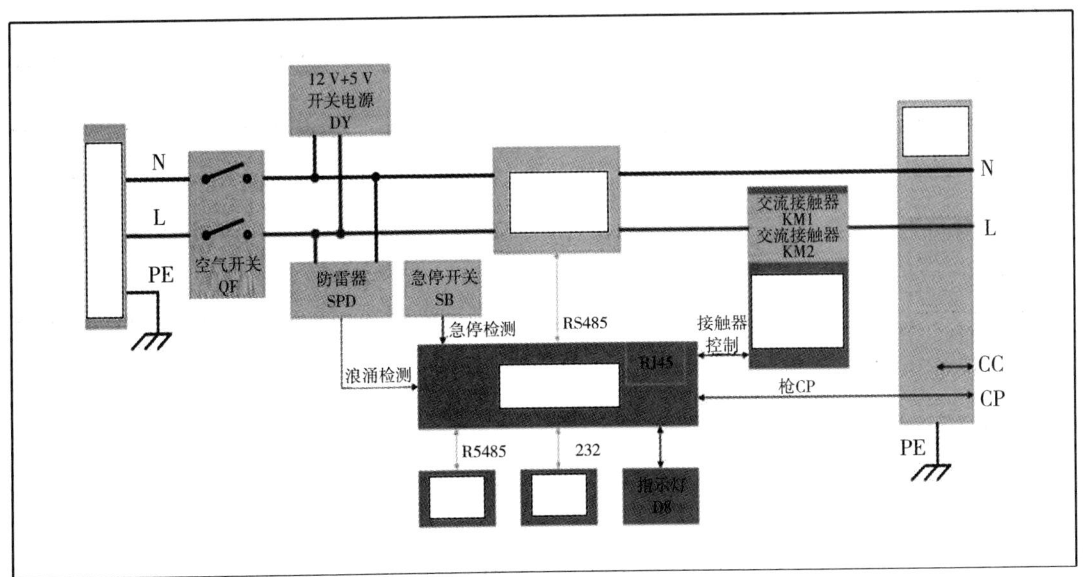

续 表

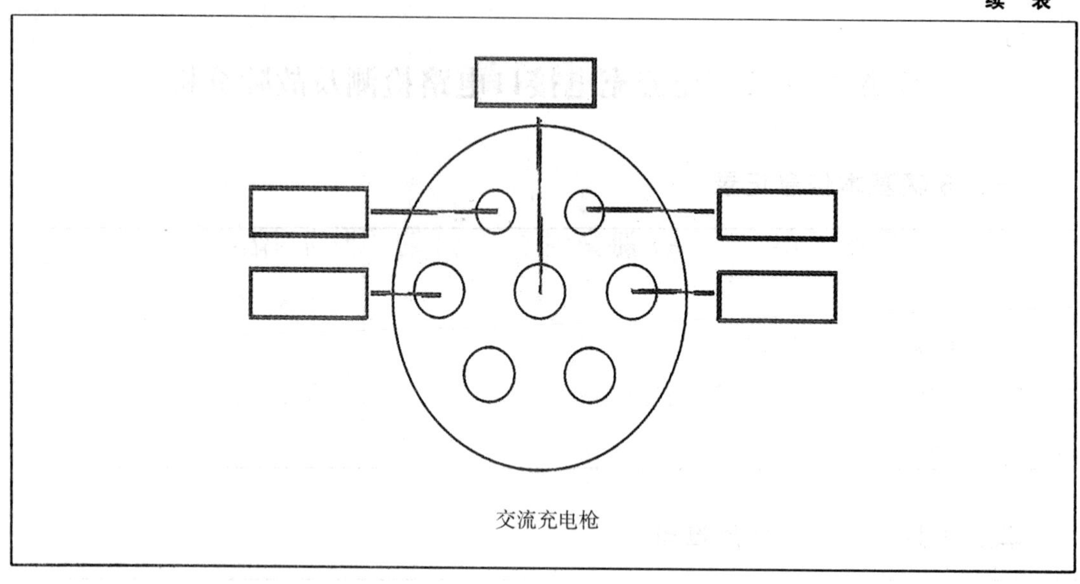
交流充电枪

四、根据上图，分析其工作原理

五、评价

通过对交流充电桩的学习，结合所学知识和实训内容，填写自我评价、小组评价及教师评价表。

	自我评价			小组评价			教师评价		
	10—9	8—6	5—1	10—9	8—6	5—1	10—9	8—6	5—1
	占总评 10%			占总评 40%			占总评 50%		
总评									

任务工单二　交流充电接口电路检测及故障分析

一、车辆基本信息记录

品牌		整车型号		生产日期	
发动机型号		发动机排量		行驶里程	
驱动电机型号		驱动电机类型		额定功率	
动力电池型号		动力电池编码		额定容量	
车辆识别码					

二、工具、设备、场地准备

工具、设备	新能源汽车维修数据资源库	场地准备、绝缘性检测	场地警示、绝缘安全性检查

三、车载交流充电系统电路检测

测量内容	理论值		实测值	备注
PE/CC 端	电阻值			正常　异常
按下充电枪按键 PE/CC 端	电阻值			正常　异常
计算 R_4 电阻值				正常　异常
测量 CP/PE 端	电压值			正常　异常
	占空比值			正常　异常
测量电源插座 L/N	电压值			正常　异常
测量电源插座 N/PE	电阻值			正常　异常

四、绝缘性能测试（说明：包括车载充电机、充电座、充电枪）

测试步骤	开路测试结果	短路测试结果	判断结果
绝缘表校表		实测值	□合格□不合格
测试结果记录	车载充电机	实测值	□合格□不合格
	充电座	实测值	□合格□不合格
	充电枪	实测值	□合格□不合格

五、评价

通过对交流充电接口的学习，结合所学知识和实训内容，填写自我评价、小组评价及教师评价表。

	自我评价			小组评价			教师评价		
	10—9	8—6	5—1	10—9	8—6	5—1	10—9	8—6	5—1
	占总评 10%			占总评 40%			占总评 50%		
总评									

任务工单三　直流充电接口电压检测及故障分析

一、车辆基本信息记录

品牌		整车型号		生产日期	
发动机型号		发动机排量		行驶里程	
驱动电机型号		驱动电机类型		额定功率	
动力电池型号		动力电池编码		额定容量	
车辆识别码					

二、工具、设备、场地准备

工具、设备	新能源汽车维修数据资源库	场地准备、绝缘性检测	场地警示、绝缘安全性检查

三、直流充电接口电压检测

测量内容	理论值		实测值		备注
PE/CC1 端（车端）	电阻值				正常　异常
PE/CC1 端（枪端）	电阻值			按下开关：	正常　异常
PE/CC2 端（枪端）	电阻值				正常　异常
S+/S−端（枪端）	电压值				正常　异常
A+对地（车端）	电压值				正常　异常
A−对地（车端）	电压值				正常　异常

四、直流充电桩、枪，车端工作原理

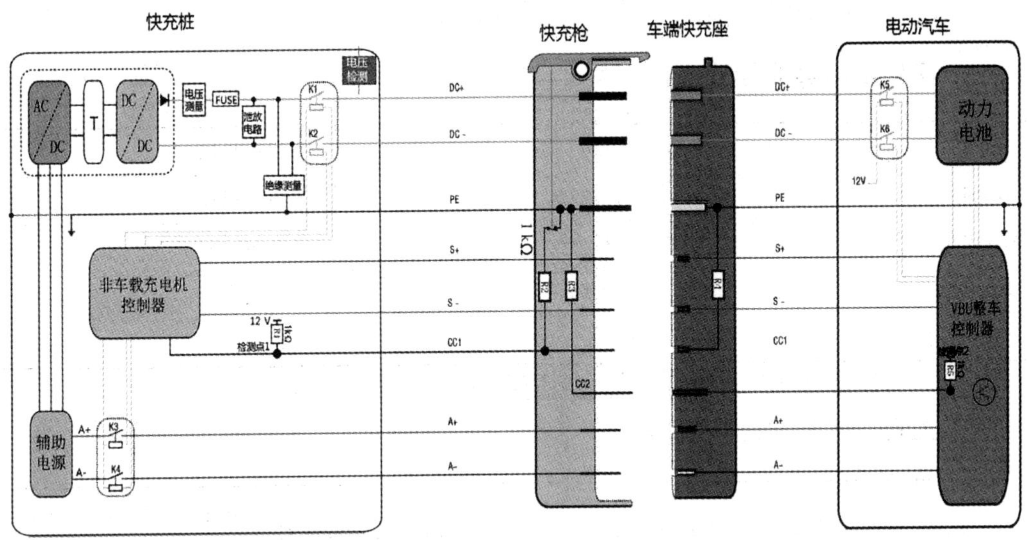

通过上面的电路，分析其工作原理：

<table>
<tr><td> </td></tr>
<tr><td> </td></tr>
<tr><td> </td></tr>
<tr><td> </td></tr>
</table>

五、绝缘性能检测

<table>
<tr><td rowspan="3">绝缘测试
结果记录</td><td>绝缘表开路</td><td></td><td>绝缘表短路</td><td></td><td>□合格□不合格</td></tr>
<tr><td colspan="2">充电枪</td><td colspan="2">实测值</td><td>□合格□不合格</td></tr>
<tr><td colspan="2">车辆快充口</td><td colspan="2">实测值</td><td>□合格□不合格</td></tr>
</table>

六、评价

通过对直流充电接口的学习，结合所学知识和实训内容，填写自我评价、小组评价及教师评价表。

<table>
<tr><td rowspan="3"></td><td colspan="3">自我评价</td><td colspan="3">小组评价</td><td colspan="3">教师评价</td></tr>
<tr><td>10—9</td><td>8—6</td><td>5—1</td><td>10—9</td><td>8—6</td><td>5—1</td><td>10—9</td><td>8—6</td><td>5—1</td></tr>
<tr><td colspan="3">占总评 10%</td><td colspan="3">占总评 40%</td><td colspan="3">占总评 50%</td></tr>
<tr><td>总评</td><td colspan="9"></td></tr>
</table>

任务工单四　电源管理系统诊断与排除

一、车辆基本信息记录

品牌		整车型号		生产日期	
发动机型号		发动机排量		行驶里程	
驱动电机型号		驱动电机类型		额定功率	
动力电池型号		动力电池编码		额定容量	
车辆识别码					

二、工具、设备、场地准备

工具、设备	新能源汽车维修数据资源库	场地准备、绝缘性检测	场地警示、绝缘安全性检查

三、故障现象

四、读取故障码

检查项目	检查情况				检查结果
故障码	历史故障码		现存故障码		异常　正常

五、查找维修手册，摘抄电路图并分析工作原理

电路图	
工作原理	

六、故障的原因分析

七、故障排除，根据故障分析进行检查，记录异常项

检查项目	检查情况	维修措施
		更换 调整 紧固 无
		更换 调整 紧固 无
		更换 调整 紧固 无
		更换 调整 紧固 无

故障点确认：________________________________

八、评价

通过对电源管理系统的学习，结合所学知识和实训内容，填写自我评价、小组评价及教师评价表。

	自我评价			小组评价			教师评价		
	10—9	8—6	5—1	10—9	8—6	5—1	10—9	8—6	5—1
	占总评10%			占总评40%			占总评50%		
总评									

参考文献

[1] 赵振宁. 新能源汽车整车控制系统原理与检修 [M]. 北京：北京理工大学出版社，2019.

[2] 包丕利. 新能源汽车整车控制系统检测与维修 [M]. 北京：北京理工大学出版社，2020.

[3] 申荣卫. 纯电动汽车整车控制系统检测与维修 [M]. 北京：机械工业出版社，2018.

[4] 常志超. 纯电动车整车控制策略研究 [D]. 西安：长安大学，2017.

[5] 刘莉. 纯电动汽车驱动控制策略开发与硬件在环测试 [D]. 重庆：重庆理工大学，2019.

[6] 郭海军. 纯电动汽车再生制动控制策略研究 [D]. 西安：长安大学，2017.

[7] 罗润纯. 电动汽车整车控制策略及控制器研究 [D]. 太原：太原理工大学，2019.

[8] 邱会鹏. 纯电动汽车整车控制器的研究 [D]. 哈尔滨：哈尔滨工业大学，2014.

[9] 黄志勇. 电动汽车高压配电控制策略的改进 [J]. 客车技术与研究，2018 (3).

[10] 李晓东. 基于驾驶意图识别的纯电动汽车驱动控制策略研究 [D]. 长春：长春工业大学，2018

[11] 郭敏锐. 基于能量管理策略的纯电动汽车续驶里程研究 [J]. 自动化与仪器仪表，2017 (6).

[12] 任宝森. 纯电动汽车绝缘电阻在线检测装置研制 [D]. 青岛：青岛大学，2018.